Landesspracheninstitut Nordrhein-Westfalen
Lehrmaterialien

Band 1.2

2002

Harrassowitz Verlag · Wiesbaden
in Kommission

Russisch intensiv

Mittelstufe

2002

Harrassowitz Verlag · Wiesbaden
in Kommission

Das Landesspracheninstitut Nordrhein-Westfalen (LSI) in Bochum entwickelt seit 1973 didaktische Konzepte und Lehrmaterialien für intensiven Sprachunterricht. Die LSI-Kurse finden in Bochum und in den Zielländern statt. Sie wenden sich an Wissenschaftler, Studierende, Fach- und Führungskräfte der Wirtschaft, Diplomaten, Medienvertreter, Lektoren u.a.

Kontakt: www.lsi-nrw.de

Bibliografische Information Der Deutschen Bibliothek:
Die Deutsche Bibliothek verzeichnet diese Publikation in der Deutschen Nationalbibliografie; detaillierte bibliografische Daten sind im Internet über <http://dnb.ddb.de> abrufbar.

Bibliographic information published by Die Deutsche Bibliothek:
Die Deutsche Bibliothek lists this publication in the Deutsche Nationalbibliografie; detailed bibliographic data is available in the Internet at <http://dnb.ddb.de>.

© Landesspracheninstitut Nordrhein-Westfalen (LSI NRW) 2002
Das Werk einschließlich aller seiner Teile ist urheberrechtlich geschützt. Jede Verwendung außerhalb der engen Grenzen des Urheberrechts ist ohne Zustimmung des LSI NRW (Postfach 10 15 65, 44715 Bochum) unzulässig und strafbar. Das gilt insbesondere für Vervielfältigungen jeder Art, Übersetzungen, Mikroverfilmungen und für die Einspeicherung in elektronische Systeme.
Gedruckt auf alterungsbeständigem Papier.
Druck und Verarbeitung: Hubert & Co., Göttingen
Printed in Germany

www.harrassowitz.de

ISSN 1436-5405
ISBN 3-447-04699-6

Inhalt

Vorwort 7

Lektion 1 – Aus Geschichte und Gegenwart Russlands

Из истории России в 20-ом веке 9
В гостях у русских 14
Новый год 15
Dialoge zum Thema „Einladung/Zu Besuch" 19
Россия – это и компьютер и интернет 24
Angabe von Begründungen 28
Ausdruck der Notwendigkeit 31
brauchen 31
müssen (нужно, надо) 35
müssen (должен) 38
Wiederholung und Vertiefung 40
Aspekte 48
Ortsangaben 53
Verben: Beginnen, Enden 60
Wörterverzeichnis 62

Lektion 2 – Alltag in Russland

Россияне вчера и сегодня 69
Будни в России 73
С лёгким паром 77
Мы были в России 79
Ресторан / Столовая 81
Typische Formulierungen im Restaurant 88
III. Deklination (i-Deklination) 93
Verneinende Adverbien und Pronomen 97
Die Possessivpronomen свой – его, её, их 100
Präpositionen: Richtungsangaben 107
Aspektgebrauch 111
Wiederholung 116
Wörterverzeichnis 120

Alphabetisches Wörterverzeichnis Russisch-Deutsch 129
Alphabetisches Wörterverzeichnis Deutsch-Russisch 141
Liste der Aspektpaare 153
Lösungen 155

Vorwort

Das Lehrbuch „Russisch intensiv - Mittelstufe" wurde als Grundlage für den gleichnamigen Kurs am Landessprachinstitut NRW - Russicum - erstellt. Es baut sprachlich auf dem Buch „Grundkurs I" (erschienen 2000 in Kommission bei Harrassowitz, ISBN 3-447-04253-2) auf. Es ist nicht für den Selbstunterricht geeignet, sondern wurde für den Intensivunterricht in einer Lerngruppe konzipiert, wobei je nach Situation weitere Übungen und Aufgaben zu ergänzen sind bzw. aus dem Übungsangebot ausgewählt werden kann.

Die beiden Lektionen sind jeweils für etwa eine Woche Intensivunterricht vorgesehen und folgendermaßen aufgebaut:

1. Texte zu landeskundlich relevanten Themen (Geschichte, Alltagsleben in Russland);
2. alltagsorientierte Gesprächssituationen (Einladungen, im Restaurant, zu Besuch);
3. Informationen und Übungen zu grammatischen Themen;
   die dortigen Hinweise RÜG informieren interessierte Lerner über zusätzliche Übersichten und Übungen zum jeweiligen Thema im Buch „Russische Übungsgrammatik" (Hueber Verlag 1997, ISBN 3-19-004466-X).
4. Übungen zur Wiederholung und Vertiefung, die je nach Bedarf zum Teil direkt im Unterricht verwendet werden. Die verbleibenden Übungen können bzw. sollen vom Lerner individuell bearbeitet werden.
5. Das Wörterverzeichnis präsentiert den Wortschatz der Texte in alphabetischer Reihenfolge. Dieses Verzeichnis ist dreispaltig angelegt, wobei die mittlere Spalte sowohl Lern- und Merkhilfen (z. B. Hinweise auf bereits bekannte Wörter oder sogenannte Eselsbrücken) als auch typische Anwendungsbeispiele enthält. Außerdem unterscheiden die Wörterverzeichnisse zwischen Lern- und Ergänzungswortschatz. Der Lernwortschatz soll auch beim Sprechen produktiv verwendet werden. Der Ergänzungswortschatz dient nur dem Verstehen der betreffenden Textpassagen und ist mit dem vorangestellten Zeichen * markiert.
6. Am Ende des Buches verhelfen die alphabetischen russisch-deutschen und deutsch-russischen Wörterverzeichnisse zu schneller Orientierung.
7. Der abschließende Lösungsschlüssel zu ausgewählten Übungen dient der Selbstkontrolle.

8. Es werden folgende Symbole verwendet:

    *   Die betreffenden Wörter dienen nur dem Textverständnis; es handelt sich dabei nicht um Lernwortschatz.

    ~   Steht stellvertretend für ein Wort in den Wortschatzverzeichnissen.

    ⇨   Weist auf Zusammenhänge mit bereits bekannten Wörtern hin.

Achtung: Es wird auf Besonderheiten hingewiesen, z. B. Abweichungen von Regeln.

„Das sollten Sie sich einprägen."

Из истории России

Урок 1

Из истории России в 20-ом веке

1. В октябре 1917-ого года в России была **Октябрьская революция**. Началась новая **эпоха** – эпоха **социализма**. Ленин стал **лидером** нового **государства** „**рабочих** и крестьян".

2. Ленин **основал** социал-демократическую **партию**, которая после революции называлась **коммунистической** партией.

3. В 1921-ом году начался НЭП (Новая Экономическая Политика). **Во время** НЭПа в экономике **Советского Союза** были **элементы социализма** и **капитализма**.

4. В 1922-ом году Сталин стал **генеральным секретарём** коммунистической партии. Он оставался на этом посту до 1953-его года.

5. В конце 20-х (двадцатых) годов началась эпоха **плановой экономики**.

6. В 1941-ом году началась Великая **Отечественная война**. 9-ого мая 1945-ого года кончилась эта **тяжёлая** для советского народа **война**.

7. В 1953-ем году Сталин **умер** и Хрущёв стал новым лидером партии. Он понимал, что Советский Союз находится в экономическом **кризисе**, что нужны экономические **реформы**.

8. После Хрущёва генеральными секретарями коммунистической партии Советского Союза (КПСС) были Брежнев, Андропов и Черненко.

9. В 1985-ом году Горбачёв стал Генеральным секретарём. Он понимал, что Советскому Союзу нужны не только экономические, но и политические реформы, что надо **перестроить** экономическую и политическую **структуру** страны – что нужна **перестройка**.

10. В 1990-ом году Горбачёв стал первым и последним **президентом** Советского Союза.

11. В 1991-ом году Советский Союз **распался**. Кончилась история Советского Союза. Началась новая эпоха в России и в других государствах **СНГ** (Содружество Независимых Государств), которые **образовались** после **распада** СССР.

12. В 1991 г. Борис Ельцин стал президентом Российской Федерации. Он **продолжал** курс политических и экономических реформ в России. С мая 2000 (двухтысячного) года президент России – Владимир Путин. (См. http://president.kremlin.ru/about/).

Упражнения и задания

1. Ergänzen Sie – möglichst ohne direkte Zuhilfenahme des Textes.

1. В октябре́ 1917 го́да в Росси́и была́ . . . .
   Начала́сь но́вая эпо́ха – эпо́ха . . . . Ле́нин стал ли́дером но́вого госуда́рства „. . . . . и крестья́н".

2. Ле́нин основа́л социа́л-демократи́ческую . . . . , кото́рая по́сле револю́ции называ́лась . . . . па́ртией.

3. В 1921-ом году́ начался́ НЭП (Но́вая Экономи́ческая Поли́тика). Во вре́мя НЭПа в эконо́мике Сове́тского Сою́за бы́ли элеме́нты . . . .
   . . . . и . . . .

4. В 1922-ом году́ Ста́лин стал генера́льным секретарём коммунисти́ческой па́ртии. Он остава́лся на э́том посту́ до . . . .

5. В конце́ 20-х (двадца́тых) годо́в начала́сь эпо́ха . . . .
   . . . .

6. В 1941 году́ начала́сь Вели́кая Оте́чественная . . . . 9-ого ма́я 1945 го́да ко́нчилась э́та . . . . война́ для сове́тского наро́да.

7. В 1953-ем году́ Ста́лин . . . . и Хрущёв стал но́вым ли́дером па́ртии. Он понима́л, что Сове́тский Сою́з нахо́дится в экономи́ческом кри́зисе, что . . . . экономи́ческие рефо́рмы.

8. По́сле Хрущёва генера́льными секретаря́ми коммунисти́ческой па́ртии Сове́тского Сою́за (КПСС) бы́ли . . . ., ...
   и . . . .

9. В 1985-ом году́ Горбачёв стал Генера́льным секретарём. Он понима́л, что Сове́тскому Сою́зу . . . . не то́лько экономи́ческие, но и . . . . рефо́рмы, что на́до перестро́ить экономи́ческую и полити́ческую структу́ру страны́ – что нужна́ . . . . . .
   . . . .

10. В 1990-ом году Горбачёв стал первым и последним . . . . Советского Союза.

11. В 1991-ом году Советский Союз . . . . Кончилась история Советского Союза. Началась новая эпоха в России и в других государствах СНГ (Содружество Независимых Государств), которые образовались после . . . . .СССР.

12. В 1991 г. Борис Ельцин стал . . . . Российской Федерации. Он . . . . курс политических и экономических реформ в России. С мая 2000 (двухтысячного) г. президент России – Владимир Путин.

2. Какие ещё факты Вы знаете из истории России в 20-ом веке?

3. Расскажите, что Вы знаете об этих политиках.

4. Kommentieren Sie die Zitate. Verwenden Sie auch die Ausdrücke von S.12.

а) „Если ты ищешь верное решение – подумай о нём, о Сталине, и найдёшь это решение." (Правда, 17 февраля 1952 г.)	если – wenn искать – suchen верный – wahr решение – Lösung найти – finden

б) „Социализм . . . стал в Советском Союзе реальной действительностью." (XXII съезд КПСС в 1966 г.)	действитель- ность – Wirklichkeit съезд – Kongress

в) „Ныне не империализм, а социализм определяет главное направление мирового развития." (XXII съезд КПСС в 1966 г.)	ныне – heute, nunmehr определять – bestimmen направление – Richtung мировой – Welt- развитие – Entwicklung

г) „Дорога советского народа – это единственно верная ленинская дорога." (Брежнев, в 1981 г.)	доро́га – Weg единственно – einzig
д) „Главное, что нужно для нашего курса, это упорная работа, единство партии и народа." (Горбачёв, в 1986 г.)	упо́рный – beharrlich еди́нство – Einheit
е) „Пьянка была везде. И на производстве, и на кафедрах." (М. Горбачёв, в 1996 г.)	пья́нка – Saufgelage везде́ – überall ка́федра – *hier:* Institut

5. Kommentieren Sie die Plakate. Verwenden Sie dazu auch die folgenden Ausdrücke:

- Я (не) согла́сен/согла́сна с этим, потому что	Ich bin damit (nicht) einverstanden, weil
- Я думаю, что	Ich denke, dass
- Я счита́ю, что	Ich bin der Meinung, dass
- Я уве́рен/уве́рена, что	Ich bin überzeugt, dass
- По-мо́ему	Meines Erachtens
- Это пра́вильно	Das ist richtig
- Это не совсем пра́вильно, потому что	Das ist nicht ganz richtig, weil
- Это не правильно, потому что	Das ist nicht richtig, weil
- Это не совсем так, потому что	Das ist nicht ganz so, weil
- Это совсем не так, потому что	Das ist überhaupt nicht so, weil
- Если я не ошиба́юсь	Wenn ich nicht irre
- Вы не думаете, что . . . ?	Denken Sie nicht, dass . . . ?

a)

б)

в)  г)

д)

В гостях у русских

О русских часто говорят, что они очень гостеприи́мны. *Когда вы в гостях у русских, вам нужно знать* **сле́дующее**:

Как русские приглашают в го́сти?
Обычно русские приглашают гостей при встрече или по телефону за два-три дня. Как **пра́вило**, на вечер, часов на шесть-семь. Без приглашения можно приходить только к очень хорошим друзьям. **Зайти́ друг к дру́гу** „просто так", чтобы разговаривать и слушать музыку, в России, как и в других странах, может **молодёжь**.

Как приходить в гости к русским?
Без цвето́в приходить **неприли́чно**. Если в доме есть маленькие дети, гости прино́сят для них **конфе́ты** или **игру́шки**.

Что едя́т в гостя́х у русских?
Русское **угоще́ние** – это **заку́ска**, **горя́чее** и чай. Начинают с закуски. Закуска – **разли́чные** салаты, **солёные** или марино́ванные огурцы́, рыба, **икра́**, **колбаса́**, **ветчина́**, **сыр** – обычно уже стоят на столе. Потом **предлага́ют горя́чее**: мя́со, рыбу или пти́цу с гарни́ром. После небольшого перерыва пода́ют чай и, конечно, сла́дкие пироги́, торты, **варе́нье**, конфеты. У каждой хорошей хозя́йки есть „свои́ реце́пты" пирогов. Не **удивля́йтесь**, если на столе **еды́ бо́льше, чем** надо. Это русское гостеприимство!

Что пьют за столом у русских?
На столе вино, водка, конья́к, минера́льная или фруктовая вода. Многие пьют **внача́ле** кре́пкие **напи́тки**, потом вино. Каждый пьёт то, что хочет. Тосты **обяза́тельны**. Сначала хозя́ева предлага́ют тост за госте́й: „Давайте выпьем за ..." Все **чо́каются** друг с другом. Потом гости должны́ выпить за хозя́ев.

Обед или ужин продолжа́ется обычно несколько часов. Всё это время за столо́м разговаривают. Обычно русские шу́тят, рассказывают анекдоты.
Как **себя́ вести́** у русских?
В гостя́х у русских вы чувствуете себя́ хорошо, потому что здесь нет форма́льностей: „**Будь** как до́ма, но не **забыва́й**, что ты в гостя́х."

Вопросы к тексту:

1) Как русские приглашают в го́сти?
2) Как приходить в гости к русским?
3) Что едя́т в гостях у русских?
4) Что пьют за столом у русских?
5) Почему вы чувствуете себя́ легко в гостях у русских?

Расскажите о том, как Вы принимаете гостей.

1) У Вас часто гости?
2) Есть люди, которые не любят, когда к ним приходят гости. А Вы?
3) Кого Вы приглашаете? Кого Вы не приглашаете?
4) Как Вы приглашаете в гости?
5) Что едят в гостях у Вас?
6) Что пьют в гостях у Вас?
7) О чём Вы говорите с гостями?

Новый год

Это случилось в ночь под Новый год. Расскажу́ вам всё по **поря́дку**. Я из Уда́чного, из Сибири. Год тому назад я **впервы́е** приехал в Москву. За три дня я закончил все свои **дела́**. Передо мной встал вопрос: где встречать Новый Год? В Москве у меня знакомых не́ было. Только один Николай. Мы вместе с ним учились в университете.

Я позвонил Николаю. Он обра́довался. **Самому́** ему не **повезло́**: в эту ночь он должен был работать на заводе, но он предложи́л мне встречать Новый год у его друзей. Он очень **хвали́л** своих друзей, особенно хозяйку. Я согласи́лся. Мы договорились, что вместе поедем, он познакомит меня со своими друзья́ми, а потом поедет на завод.

Надо было ехать в новый район, в Черёмушки. Приехали мы туда. **Всю́ду** стоят новые большие дома́. Друзья Николая тоже жили в новом доме.

Нас встретила мать хозяйки, симпатичная бабушка, и сразу же попросила пойти в магазин. Она забыла купить **горчицу**.

Я, конечно, сказал: – Давайте я пойду. Магазин рядом.

Я купил горчицу и пошёл **обратно**. А куда идти, не знаю. Адрес я забыл спросить. Дома́ бето́нные, 12 этаже́й, и все **похо́жи** друг на друга. Второй **подъе́зд** или третий? А, может быть, четвёртый? Кажется, третий. А квартира? 68 или 86? Вошёл я в подъезд, **подня́лся** на шестой этаж. Куда звонить? Все **звонки́** тоже **одина́ковые**. Вы́шел на улицу; уже скоро 12, в о́кнах **свет**, **тепло́**, а я стою на **моро́зе** и не знаю, что делать.

Вдруг меня спросила девушка: – Что вы тут **скуча́ете**? Скоро Новый год!

Я **объясни́л** ей всё. Девушка сказала:

– Да, плохо ваше дело.

А знаете, знакомая Николая – это я!

Уже **це́лый** час я вас **ищу́**. Пойдёмте!

Николай был **прав**, когда хвалил своих друзей, особенно Веру.

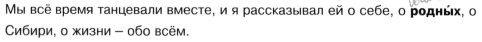

Мы всё время танцевали вместе, и я рассказывал ей о себе, о **родны́х**, о Сибири, о жизни – обо всём.

– Знаете, Вера, в Сибири хорошо. Приезжайте весной! Я буду очень рад, говорил я ей.

Один раз я спросил её: – А где ваша мама?

– Моя мама? – удивилась сначала Вера. А потом **улыбну́лась**:

– Она устала, отдыхает в другой комнате.

А когда началось утро, Вера сказала мне:

– Я не знаю Николая. Когда вы рассказывали мне обо всём, мне **вдруг** стало вас жаль. Вот я и пригласи́ла вас.

Это была лу́чшая **нового́дняя** ночь в моей жизни . . .

Так я встретил Новый год в про́шлом году. А в этом году? Ведь в Уда́чном я знаю каждый **ка́мень** . . .

В гостях у русских

Задания к тексту:

1. Ответьте на вопросы.

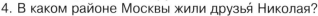

1. Где и когда была эта история?
2. Почему молодой человек не уехал (wegfahren) раньше?
3. Почему Николай не мог встречать Новый год вместе с друзьями?
4. В каком районе Москвы жили друзья Николая?
5. Какие там здания?
6. Почему рассказчик (Erzähler) пошёл в магазин?
7. Почему он потом не нашёл (finden) квартиру друзей?
8. Как он наконец нашёл квартиру?
9. Почему он говорит, „. . . в Удачном я знаю каждый камень . . .“?

2. Дополните. Komplettieren Sie.

– Это было в ночь . . . *под новый год* . . . .

– За три дня он закончил . . . *все свои дела* . . . .

– Николаю, к сожалению, не . . . *повезло* . . . .
  ему нужно было . . . *работать* . . .

– Бабушка забыла . . . *купить горчицу* . . . .

– Дома все похожи . . . *друг на друга* . . . .

– Все звонки были . . . *одинаковы* . . . .

– Я стою . . . *на морозе* . . . . и не знаю, *что делать*

– Уже целый . . . *час* . . . . я вас . . . .

– Мама отдыхает в другой комнате, она . . . *устала* . . . . .

– Я не знаю . . . *пойдём* . . . .

– Это была лучшая . . . *новогодняя ночь в Москве* . . . .

3. Придумайте примеры. Bilden Sie analoge Satzbeispiele. Ersetzen Sie dabei die unterstrichenen Wörter bzw. Wortgruppen.

1. Год тому назад я приехал в <u>Москву</u>.
2. Все <u>дома</u> похожи друг на друга.
3. Николай хвалил <u>своих друзей</u>.
4. Я не знаю <u>Николая</u>.

4. Finden Sie im Text alle Präpositionen, die eine Orts- oder Zeitangabe bezeichnen. Nennen Sie den jeweiligen Fall.

5. Разыграйте диалоги:

а) молодой человек – Николай

б) молодой человек – Вера

6. Расскажите о том, как Вы любите встречать Новый год в Германии.

– до́ма в семье
– в компа́нии
– в гостя́х
    – му́зыка
    – напи́тки
    – еда́
    – то́сты

7. То́сты

(Дава́йте) вы́пьем:

– За Но́вый год!
– За хоро́шую компа́нию (Gesellschaft)!
– За на́ших гостеприи́мных хозя́ев!
– За на́ших дороги́х госте́й!
– За симпати́чную хозя́йку!
– За успе́хи (Erfolge) в рабо́те, за сча́стье (Glück) и любо́вь (Liebe)!
– За больши́е успе́хи в совме́стной (gemeinsam) рабо́те!
– За на́шу дру́жбу (Freundschaft)!
– За мир во всём ми́ре (Frieden in der ganzen Welt)!

Приглаше́ние – Einladung / В гостя́х – Zu Besuch

1. Разговор по телефону

— Алло. Слушаю.
— Это ты, Ирина?
— Да.
— Здравствуй, это говорит Олег.
— Привет, Олег !
— Ирина, я хочу **пригласи́ть** тебя и Николая на день рождения.
— Спасибо. А когда?
— Пятнадцатого.
— Пятнадцатого? Какой это будет день?
— Суббота.
— Прекрасно! В субботу мы свободны. С удовольствием придём. А во сколько нам прийти?
— Приходите в 7 часов.
— Договорились. Спасибо за **приглаше́ние**. Пока.
— До субботы.

2.
— Здравствуй, Ирина, здравствуй, Николай. Заходите и проходите, пожалуйста. **Прошу́** к столу. Садитесь. **Угоща́йтесь**, пожалуйста!
— Олег, как у тебя **ую́тно**! Какой прекрасный стол! Это ты всё **сам** приготовил ? Какие **пирожки́**!
— Нет, я не сам, сестра помогала. Николай, водку будешь **пить**?
— Да, с удовольствием. Давайте выпьем за встречу!
— За встречу! За ваше здоровье !

3.
— **Положи́ть** тебе ещё пирожки?
— Всё очень **вку́сно**, но больше не могу. Я уже **сыта́**.
— Николай, возьми ещё салат и пирожки.
— Спасибо, Олег. Передай мне, пожалуйста, салат.
— Пожалуйста.

4.
— Большое спасибо за этот вечер. Было очень приятно у тебя.
— Не́ за что. Я очень рад, что вам понравилось у меня.
— До свидания. До скорой встречи!
— До свидания. Всего доброго!

5.
— Добрый вечер.
— Добрый вечер, Вернер. Заходите!
— Это Вам, Катя.
— Спасибо, вы очень **любéзны**. Какие красивые цветы!
— Они **действительно** очень красивые.
— Вернер, познакомьтесь с братом!
— Иван Сергеевич.
— Очень приятно, Иван Сергеевич.
— Садитесь, пожалуйста, за стол, будем кофе пить.
— Катя, как вы живёте?
— Спасибо, нормально. Угощайтесь, пожалуйста: пирожки, вафли, кофе.
— Извините, я уже поужинал.
— Попробуйте **всё-таки** пирожки. Они вкусные. **Налúть** Вам кофе?
— Да, пожалуйста.
. . . .
— Спасибо за **гостеприúмство**. **Спокóйной нóчи**!
— Спокойной ночи, до скорой встречи!

6.
— Может быть, Вы зайдёте к нам?
— С удовольствием. Когда?
— Сегодня, в семь часов.
— Понимаете, дело в том, что . . .
— У вас уже другие планы?
— Нет, но я не один.
— **Вóт как**!
— Да, у меня друзья . . .
— Почему же Вы не сказали **срáзу**? Конечно, приглашаем вас всех.
— Прекрасно. Они будут рады познакомиться с вами.

So können Sie jemanden einladen:

- Я приглашáю Вас / тебя (к себе) в гóсти.

- Я хочý пригласúть Вас и вáшу женý / Вашего мужа

  в теáтр / на дáчу / на день рождéния.

- Приходúте / приезжáйте к нам в гóсти.

- Разрешúте мне пригласúть Вас ... *(офиц.)*

- Прошý Вас приéхать / прийтú ко мне.

Einladung/Zu Besuch

So kann man beim Besuch sprechen:

- Заходи́те, пожалуйста.
- Раздева́йтесь и проходи́(–те), пожалуйста.
- Сади́тесь и угоща́йтесь, пожалуйста.
- Бери́(–те) ещё! / Ешь(–те) ещё! / Пей(–те) ещё, пожалуйста!
- Спасибо, всё очень вку́сно, но я не могу́ бо́льше есть / пить.
- Я сыт(–а́).
- Вы́пьем за встре́чу / дру́жбу / хозя́йку / хозя́ина.
- Я предлага́ю тост за хозя́ев / Ваше здоро́вье / Вас / тебя.
- Спасибо за вечер / за угоще́ние / за гостеприи́мство.

Упражнения и задания

1. Закончите предложения.

1. Я приглашаю вас пойти в ....
2. Пожалуйста, приходите на ....
3. Разрешите пригласить вас ....
4. Прошу вас прийти ....
5. Хочу пригласить тебя ко мне ....

2. Пригласите друга/подругу/коллегу. Laden Sie jemanden ein:

a) ins Kino, ins Theater, in ein Konzert, ins Museum, in eine Ausstellung, ins Cafe, ins Restaurant, ins Stadion, an den See, auf die Datscha, an den Fluss, zu sich nach Hause.

b) spazieren zu gehen, Fahrrad zu fahren, Musik zu hören, einen Film zu sehen, zum Tanzen, zum Mittagessen.

c)

3. Ergänzen Sie.

> Я хочу пригласить Вас в гости...

Partner(in) 1: Stimulus   Partner(in) 2: Sie!

1.

Я хочу́ Вас пригласи́ть в го́сти.	
В суббо́ту.	
А в пя́тницу Вы свобо́дны?	
В восемь часов.	
Договори́лись.	
В новом доме рядом с „Немецкой школой".	
На пятом этаже́.	
52 36 28 9	
Зна́чит, в пятницу вечером, в восемь часов.	
До свидания!	

2.

Здра́вствуйте. Заходи́те!	
Какие красивые цветы́! Спасибо! Раздева́йтесь, пожа́луйста.	
Вот там у нас туале́т.	

3.

Сади́тесь. Угоща́йтесь.	
Это типи́чная русская заку́ска – марино́ванные грибы́.	
Не знаете? Попро́буйте. Это очень вку́сно.	
Видите, я вам говорил/а.	

4. Составьте диалоги.

   а) Вы встречаете друга, он спрашивает о Ваших планах на лето, Вы приглашаете его к себе домой.
   б) Вы встречаете знакомую, Вы спрашиваете о её планах на Новый год, она приглашает Вас на встречу Нового года.

5. Formulieren Sie eine schriftliche Einladung nach folgendem Beispiel.

Уважаемый Игорь Петрович,

приглашаю Вас ко мне домой на небольшой праздник. У меня новая квартира. Приходите, пожалуйста, 12-ого апреля в 7 часов.

С сердечным приветом

6. Комплименты	Ответы на комплименты
– Вы прекрасно/хорошо **вы́глядите**!	– Спасибо.
– Вы умный человек.	– Спасибо за комплимент!
– Вы очень хороший специалист.	– Вы делаете мне комплимент.
– Какая у Вас **очарова́тельная** жена!	
– Вы очень гостеприи́мные хозя́ева.	– Приятно это слышать.
– Какие у Вас гостеприи́мные коллеги!	– Я то же должен/должна сказать о Вас.
– Вы прекрасно танцуете!	
– С Вами интересно разговаривать /встречаться.	

7. Какие комплименты можно сказать в этих ситуациях?

а) Вы встречаете после отпуска коллегу,
б) Вы в гостях у друзей,
г) на столе очень вкусные блюда,
в) у Вашего коллеги новая иде́я,
д) Ваш коллега интересно говорит о Германии,
е) Вы вместе с молодой коллегой в кафе.

Россия – это и компьютер и интернет

1. Какие слова Вам надо знать?

железо		Hardware
софт		Software
жёсткий диск		Festplatte
экран	на экране	Bildschirm
клавиатура		Tastatur
мышь (w.)	компьютерная ~	Maus
принтер	лазерный ~	Drucker
шрифты		Schriften
пуск		Start
завершение работы		Beenden
поиск	~ файлов	Suche
файл		Datei
формат файлов		Dateiformat

2. Прочитайте:

3. Ordnen Sie die russischen Bezeichnungen zu:

Datei	....
Bearbeiten	....
Ansicht	....
Wechsel	....
Favoriten	....
Extras	....
Hilfe	....
zurück	....
vorwärts	....
nach oben	....
ausschneiden	....
kopieren	....
einfügen	....
rückgängig (machen)	....
löschen	....
Eigenschaften	....

4. Прочитайте текст:

Каждый человек может **войти** в интернет и **получи́ть любу́ю** информацию. Для этого нужно **подключи́ться** к провайдеру.
Как подключиться? Очень просто: Вам надо **посети́ть** офис провайдера и **заключи́ть догово́р** на абонентское **обслу́живание**. После этого Вы сразу получите **до́ступ.**

Интернет играет важную роль как средство коммуника́ции для **пересы́лки**, например, электро́нной почты на любо́е место земли. Он **объединя́ет** информацио́нные **слу́жбы** во всём мире и **ока́зывает по́мощь** при работе с каталогами в библиотеках разных стран. Из Бохума можно узнать, например, **расписа́ние самолётов** в московском аэропорту́ Шереме́тьево, а из Москвы – прогно́з **пого́ды** в Рио де Жанейро или в Калькутте.

Для работы в интернете нужны **поиско́вые** машины. Они помогают всем, кто хочет заказать **това́ры**, найти работу или прочитать газеты и журналы. Быстро **развива́ются** новые формы компьютерной **торго́вли**. Каждый может заказать, например, книги, диски, продукты и т. д.

— *Как можно подключиться к интернету?*
— *Какую роль играет интернет?*
— *Что можно узнать по интернету?*

5. Ответьте.

1) Есть у Вас до́ступ в интернет?
2) Какую роль играет интернет в Вашей жизни?
3) Какой у Вас провайдер?
4) Вы часто входите в интернет?
5) Какие сайты, какие адреса вы посещаете?
6) Какая информация Вам нужна:
   ☐ автомобили   ☐ финансы
   ☐ бизнес   ☐ государство
   ☐ здоровье   ☐ культура и искусство
   ☐ наука и образование ☐ отдых
   ☐ спорт   ☐ газеты и журналы
   ☐ торговля   ☐ транспорт
   ☐ услуги и сервис   ☐ развлечения
   ☐ справка

6. Erschließen Sie den Inhalt der folgenden Rubriken.

— Новая Web-камера от Creative
— валюта ЦБРФ
— погода
      • сейчас, • вечером, • ночью
— чат на сайте Русская Америка
— СМИ (газеты, радио, ТВ . . .)
— справочники (библиотеки, словари, телефонные номера . . .)
— коллекция рефератов
— добавить URL
— помощь

7. Вы часто вхо́дите в интернет? Расскажите о том, как компьютер и интернет помогают Вам учиться и работать.

Интернет-магазин:

Бытовая техника, продажа, производство
Аудио-, видеотехника, продажа

Адрес
http://www.avmarket.ru

Искать :

Город :
Екатеринбург

Правила поиска

Расширенный поиск

Angabe von Begründungen

Русские любят Пушкина, **потому что** он очень хороший поэт.
Так как Пушкин очень хороший поэт, русские любят его.

> Zur Angabe von Begründungen verwenden Sie die Konjunktionen **потому что** und **так как**.
> **Потому что** leitet eine nachgestellte, **так как** eine vorangestellte Begründung ein.[1]

RÜG S. 169

1. Дополните.
*Ergänzen Sie die folgenden Sätze durch **потому что** oder **так как**.*

1. ....*Так как*........ на Кавка́зе мно́го ра́зных наро́дов, культу́р, и языко́в, в этом регио́не сло́жная (сло́жный - kompliziert) полити́ческая ситуа́ция.

2. Я люблю́ ру́сский язы́к, ...*потому что*... это язы́к Пу́шкина, Толсто́го и Достое́вского.

3. ....*Так как*....... я о́чень интересу́юсь Росси́ей, я изуча́ю ру́сский язы́к.

4. Я ча́сто в Москве́, ...*потому что*....... у меня́ там хоро́шие друзья́.

5. ....*Так как*............ я ча́сто в Москве́, я уже́ хорошо́ говорю́ по-ру́сски.

6. Президе́нт Росси́йской Федера́ции прекра́сно говори́т по-неме́цки, ...*потому что*.... он до́лго жил в Герма́нии.

7. ....*Так как*....... федера́льный ка́нцлер (Bundeskanzler) не говори́т по-ру́сски, ему́ ну́жен перево́дчик (er braucht einen Dolmetscher), когда́ он говори́т с ру́сскими поли́тиками.

---

[1] Горбачёв на́чал перестро́йку, **так как** в СССР бы́ло мно́го пробле́м.
Die Konjunktion **так как** finden Sie manchmal auch zur Einleitung nachgeordneter Begründungen. Dieser Gebrauch ist nicht falsch. Orientieren Sie sich hinsichtlich Ihres **eigenen** Sprachgebrauchs jedoch an der oben formulierten Regel.

8. Мы тренирова́ли (üben) слова **потому что** и **так как**, *потому что* это очень важные элементы русского языка.

9. . . . . . . *Так как* . . . . . . мы уже хорошо знаем слова **потому что** и **так как,** это упражнение здесь кончается.

2. Составьте предложения по образцу. Bilden Sie Sätze nach Muster.

Образе́ц *(Beispiel)*: — Я не купил эту книгу: я её уже читал.
— Я не купил эту книгу, **потому что** я её уже читал.
— **Так как** я уже читал эту книгу, я её не купил.

1. Я сегодня буду до́ма: на улице идёт дождь.
2. Мне нравится Маша: она красивая девушка.
3. Я здоро́вый человек: я много занимаюсь спортом.
4. Ива́н часто болен: он совсем не занимается спортом.
5. Ульрике неплохо говорит по-русски: она два года жила́ в Москве.
6. Анто́н хочет стать инженером: он очень интересуется техникой.
7. Сергей стал бизнесменом: он любит деньги.
8. Сергей быстро обанкро́тился (hat Bankrott gemacht): он не любит работать.

3. Назовите причину. Nennen Sie den Grund.

1. Я изучаю русский язык, потому что . . .
2. Я сегодня не могу гуля́ть . . .
3. У меня высокая температура . . .
4. Я вас плохо понимаю . . .
5. Я хочу поехать в Россию . . .
6. Я хочу пойти в театр . . .
7. Я люблю футбо́л . . .
8. Я люблю русский язык . . .
9. Я люблю Москву . . .
10. Я умею говорить по-русски . . .
11. Мне нравится жить в Германии . . .
12. Мне не нравится жить в Германии . . .

4. Begründen Sie, warum

– Sie oft in die Bibliothek gehen,
– Sie keinen Dolmetscher brauchen,
– Sie sich ein Wörterbuch gekauft haben,
– Sie die Zeitung „. . . . ." lesen,
– Sie im Hotel wohnen,
– viele Russen einen „Mercedes" lieben,
– Putin so gut deutsch spricht,
– der Bundeskanzler nicht russisch spricht.

Ausdruck des „Brauchens"

Наташе **ну́жен** новый компьютер.
Ивану **нужна́** новая машина.
Мне **ну́жно** новое пальто́.
Сергею **нужны́** деньги.

Im Russischen fehlt das Verb „brauchen". Seine Funktion wird von den Formen „**ну́жен, нужна́, ну́жно, нужны́**" = „nötig" übernommen.

1) Die Person, die etwas oder jemanden braucht, steht im Dativ.
   Der gebrauchte Gegenstand/die benötigte Person steht im Nominativ.

Бори́су нужна́ книга. Оле ну́жен отдых. **Мне** ну́жно время.

2) Die Formen ну́жен, нужна́, ну́жно, нужны́ richten sich in Geschlecht und Zahl nach dem benötigten Gegenstand. Achten Sie auch auf die unterschiedliche Betonung.

ну́жен перево́дчик   (m.)
нужна́ маши́на   (w.)
ну́жно пальто́   (s.)
нужны́ де́ньги   (Mz.)

| кому | { ну́жен / нужна́ / ну́жно / нужны́ } | кто / что |

- *Benötigter Gegenstand/benötigte Person:* -----> *Nominativ*
- *Benötigende Person:*   -----> *Dativ*

1. Вставьте правильную форму: нужен, нужна, нужно, нужны.

1. Профессору ... *нужен* ...... капитал.
2. Студенту ... *нужна* ...... стипендия.
3. Студентам ...... *нужны* ...... книги.

4. Преподавателю . . . *нужен* . . . . . . отдых.
5. Мне очень . . . . *нужна* . . . . . работа.
6. Футбольной команде (Mannschaft). *нужен* . . хороший тренер.
7. Политикам . . . *нужны* . . . . ум (Verstand) и со́весть (Gewissen).
8. Нам не . . . *нужны* . . . . . безу́мные и бессо́вестные политики.

2. Что Вам нужно?

3. Drücken Sie aus, was Sie bei einer Reise nach Russland brauchen.

Beispiel: Мне нужны *рубли*.

Wenn Sie angeben wollen, dass Sie in der **Vergangenheit** etwas/jemanden gebraucht haben oder in der **Zukunft** etwas/jemanden brauchen werden, verwenden Sie die auf den Seiten 31 - 32 geübten Strukturen folgendermaßen:

Präteritum	**Futur**
Наташе **ну́жен** *был* компьютер.	Наташе **ну́жен** *будет* компьютер.
Ивану **нужна́** *была́* машина.	Ивану **нужна́** *будет* машина.
Мне **ну́жно** *было* пальто.	Мне **ну́жно** *будет* пальто.
Серге́ю **нужны́** *бы́ли* де́ньги.	Серге́ю **нужны́** *будут* де́ньги.

Sie verwenden also die Vergangenheits- bzw. die Zukunftsformen von **быть**. Beachten Sie wiederum die Übereinstimmung nach Geschlecht und Zahl mit dem gebrauchten Gegenstand/der benötigten Person.

1. Ответьте на вопросы (Vergangenheit). Behalten Sie die Wortstellung des Beispielsatzes bei.

Почему Сергей купил эту книгу?
Ему нужна́ была эта книга.

1. Почему они купили этот дом?
2. Почему Иван купил эту машину?
3. Почему Надя купила эти книги?
4. Почему Володя получил о́тпуск?
5. Почему Оля купила эту грамматику?
6. Почему дети купили карандаши́?
7. Почему я купил/а компа́кт-диск?
8. Почему Сергей сделал Наташе комплиме́нт?

2. Ответьте на вопросы (Zukunft). Behalten Sie die Wortstellung des Beispielsatzes bei.

Почему Сергей хочет купить эту книгу?
Ему нужна́ будет эта книга.

1. Почему Володя хочет купить тёплое пальто́?
2. Почему Ива́н хочет купить этот большой дом?
3. Почему Надя хочет купить грамматику?

4. Почему дети хотят купить карандаши́?
5. Почему я хочу купить квартиру в Москве?
6. Почему они хотят получить о́тпуск?
7. Почему я хочу ей дать эту книгу?
8. Почему мы хотим получить визу?

3. Поговорите со своим соседом. Fragen Sie Ihre(n) Nachbarn, weshalb er die in seinem Besitz befindliche Dinge gekauft hat. Ihr Nachbar wird Ihnen mitteilen, dass er all diese Dinge gekauft hat, weil er sie braucht, gebraucht hat oder noch brauchen wird.

Ausdruck einer Notwendigkeit: „müssen"

1. Variante: ну́жно, на́до

Мне **ну́жно** работать.   =   Мне **на́до** работать.
Сергею **ну́жно** отдыхать.   =   Сергею **на́до** отдыхать.

Die neutrale Form ну́жно kann auch mit Infinitiven gebraucht werden und nimmt dann die Bedeutung *müssen* an: Мне ну́жно рабо́тать: Ich muss arbeiten.
Anstelle von ну́жно können Sie in dieser Bedeutung auch на́до verwenden. Vor allem in mündlichen Äußerungen wird die Form на́до häufig gebraucht.

$$(кому) \begin{Bmatrix} надо \\ нужно \end{Bmatrix} + \text{Infinitiv}$$

- (Нам) надо купить вино и шампанское.
- (Мне) нужно спросить жену.

Die Person, die etwas tun muss, drücken Sie durch ein Substantiv oder Pronomen im Dativ aus.

RÜG   S. 186

1. Ответьте на вопросы.

Почему вы изучаете русский язык?
Я изучаю русский язык, потому что мне надо изучать русский язык.

1. Почему мы учимся в Руссикуме?
2. Почему Сергей занимается спортом?
3. Почему Наташа так много работает?
4. Почему Борис пишет много писем?
5. Почему Россия импортирует машины?
6. Почему я каждый день встаю так рано?
7. Почему Володя живёт в общежитии?

Wenn Sie angeben wollen, dass Sie in der **Vergangenheit** etwas tun mussten oder in der **Zukunft** etwas tun müssen, verwenden Sie die auf der vorigen Seite geübte Struktur folgendermaßen:

Мне **ну́жно** *бы́ло* работать = Мне **на́до** *бы́ло* работать
Сергею **ну́жно** *бу́дет* отдыхать = Сергею **на́до** *бу́дет* отдыхать

Die Vergangenheit von „müssen" bilden Sie also durch Hinzufügen von **бы́ло**:
Ну́жно бы́ло работать. На́до бы́ло работать.
Die Zukunft von „müssen" bilden Sie durch Hinzufügen von **бу́дет**:
Ну́жно бу́дет работать. На́до бу́дет работать.

2. Ответьте на вопросы. (Vergangenheit!)

Почему Сергей изучал немецкий язык?
Ему на́до/ну́жно бы́ло изучать немецкий язык, потому что он хотел учиться в Германии.

1. Почему Володя купил новую машину?
2. Почему Наташа поехала в Крым?
3. Почему студенты вчера остались дома?
4. Почему Вы занимались русской грамматикой?
5. Почему Владимир Путин изучал немецкий язык?
6. Почему Вы взяли (nehmen) кредит?

3. Ответьте на вопросы. (Zukunft!)

Наташа уже поехала в Москву?
Нет, но скоро ей на́до/ну́жно бу́дет поехать в Москву.

1. Сергей уже пошёл на работу?
2. Вы уже купили квартиру?
3. Надя уже встала?
4. Студенты уже на́чали заниматься грамматикой?
5. Володя уже поехал в аэропорт?
6. Вы уже работали в России?

4. Поговорите со своим соседом. Fragen Sie Ihren Nachbarn, weshalb er Englisch gelernt hat, Russisch lernt, in Moskau arbeiten wird etc. Ihr Nachbar wird Ihnen entsprechend antworten. Lassen Sie Ihre Fantasie spielen!

5. Что им/ему/ей надо (с)делать?

а)

б)

в)

г)

д)

е)

Ausdruck einer Notwendigkeit: „müssen"
2. Variante: до́лжен, должна́, должно́, должны́

Он до́лжен сделать эту работу.

Она должна́ дать мне деньги.

Мы должны́ хорошо работать.

Das deutsche Verb „müssen" kann im Russischen auch mit den **persönlich** gebrauchten Formen **до́лжен, должна́, должно́, должны́** ausgedrückt werden. Diese richten sich in Geschlecht und Zahl nach dem jeweiligen Subjekt, auf das sie sich beziehen:

Он **до́лжен** работать. Она **должна́** работать. Это **должно́** быть так.
Они **должны́** работать.

Die **Vergangenheit** bilden Sie durch Hinzufügen von **был, была́, бы́ло, бы́ли**:
Он до́лжен был работать. Она должна́ была́ работать.
Мы должны́ были работать.

Die **Zukunft** bilden Sie durch Hinzufügen der dem Subjekt entsprechenden konjugierten Form von быть:

Я должен бу́ду работать.
Он до́лжен бу́дет работать.
Они должны́ будут работать.

Vergleichen Sie:

1. Variante	2. Variante
Мне на́до/ну́жно работать. -	Я до́лжен работать.
Ей на́до пойти к врачу. -	Она должна́ пойти к врачу.
Нам на́до было ждать. -	Мы должны́ были ждать.

Mit до́лжен, должна́, должно́, und должны́, die vom Substantiv *долг = Pflicht* abgeleitet sind, drücken Sie eine bestimmte innere Verpflichtung aus.
Я до́лжен работать. = Ich muss arbeiten: Ich bin dazu (innerlich) verpflichtet.

RÜG S. 186-187

1. Дополните. Fügen Sie die richtigen Formen von должен ein.

1. Наташа . . . . дать мужу деньги.
2. Володя . . . . приготовить ужин.
3. Мы . . . . заниматься грамматикой?
4. Тамара . . . . была купить этот словарь?
5. Он . . . . был так много работать?
6. Мы . . . . будем остаться дома?
7. Она . . . . будет прочитать эту книгу?
8. Он . . . . будет решить эту проблему?

2. Fragen Sie Ihren Nachbarn, weshalb er sich verpflichtet fühlt, etwas zu tun (arbeiten, nach Hause fahren, sich mit russischer Grammatik beschäftigen, usw ...). Er wird Ihnen mitteilen, warum das für ihn notwendig ist.

– Почему Вы читаете газету „Аргументы и Факты"?
– Я должен/Я должна знать политические новости.

3. Кто там живёт? Что он до́лжен/она должна́ сделать?

Wiederholung und Vertiefung

1. Расскажите о себе.

– имя, фамилия

– Я из . . . .

– место и год рождения

– место работы (работаю/учусь в/на . . . . .)

– семья (у меня . . . .)

– интересы (интересуюсь/занимаюсь . . . .)

2. Erinnern Sie sich an den Plural der Substantive?

a) Männliche Substantive

студент – студенты, журналист – . . . . ,
месяц – *месяцы*, мальчик – . . . .

- *Wechselnde Betonung:*

ученик – ученики́, стол – *столы́*. . ., карандаш – *карандаши́*,
ключ – *ключи́*.,

- *Flüchtiges -e/-o:*

отец – отцы́, немец – *немцы* (Zeichnung) . ., рисунок – *рисунки* ,
(shluss) дворец – *дворцы* . . . .

- *Plural auf betontem -á/-я́ endend:*

ве́чер – вечера́, глаз – *глаза́* . . . ., бе́рег – *берега́* . . .,
го́род – *города́* . . . ., дом – *дома́* . . . ., лес – *леса́* . . .,
учи́тель – . . . ., до́ктор – . . . .,
профе́ссор – . . . ., дире́ктор – . . . .
а́дрес – . . . ., но́мер – . . . .

- *Nach weichem Stammeslaut:*

музе́й – музе́и, трамва́й – . . . . ,

преподава́тель – . . . . порфе́ль – . . . .
рубль – . . . *рубли?* . . . .

• *Запомните!*
а) брат – бра́тья, друг – друзья́,
б) англича́нин – англича́не, христиани́н – . . . .

b) Weibliche Substantive

шко́ла – шко́лы, гита́ра – . . . ., ка́рта – . . . .
учи́тельница – . . . ., пробле́ма – . . . .

• *Rechtschreibregel:*
студе́нтка – студе́нтки, журнали́стка – . . . .,
подру́га – . . . ., ма́рка – . . . .

• *Nach weichem Stammeslaut:*
а) дере́вня – дере́вни, пе́сня – . . . . . . *песни* . . . .,
неде́ля – . . . *недели* . . . .
б) профе́ссия – профе́ссии, па́ртия – . . . .,
фами́лия – . . . ., по́рция – . . . .

Wechselnde Betonung:
река́ – ре́ки, гора́ – . . . ., рука́ – . . . .,
голова́ – . . . ., нога́ – . . . ., сестра́ – . . . .

• *Запомните!*
мать – ма́тери, дочь – до́чери

c) Sächliche Substantive

• *1.Fall Einzahl stammbetont – 1.Fall Mehrzahl endbetont:*
ме́сто – места́, сло́во – . . . .

• *Nach weichem Stammeslaut:*
мо́ре – моря́, по́ле – . . . .

- *Einzahl endbetont - Mehrzahl stammbetont:*
окно́ – о́кна, письмо́ – . . . . , лицо́ – . . . .

- *Wörter auf –ие:*
зда́ние – . . . . , зна́ние – . . . .

3. *Ответьте на вопросы.*

а) *Кому вы написали e-mail? Кому вы звонили?*

  – русский друг
  – хорошая подруга
  – старший брат
  – младшая сестра
  – русский коллега
  – русская коллега
  – русская учительница
  – немецкий журналист
  – русский бизнесмен

б) *Что Вы читаете? Что Вы любите? Кого Вы любите?*

  – русская литература
  – классический балет
  – зимний спорт
  – немецкая литература
  – интересный журнал
  – известный американский политик
  – интересная газета
  – русский журнал
  – современная музыка
  – известный немецкий композитор
  – классическая музыка

в) *Ответьте так: Я знаю . . . . Она поэтесса.*

  – Мари́на Цвета́ева   – Менделе́ев
  – Толсто́й   – Достое́вский
  – Михаи́л Горбачёв   – Влади́мир Пу́тин
  – Шостако́вич   – Проко́фьев
  – Эйзенште́йн   – Пу́шкин
  – Пастерна́к   – Чайко́вский
  – Ре́пин   – Канди́нский
  – Страви́нский   – Анна Ахма́това

г) Чем вы интересуетесь? Чем вы занимаетесь?   5. Fall

- классическая музыка
- современная музыка
- русский интернет
- русский язык
- русская литература
- русская история
- зимний спорт
- компьютерная техника
- русская политика

д) Где вы живёте?   6. Fall

- второй этаж
- большой дом
- маленький город
- большая московская гостиница
- Чёрное море (на чёрном море)
- земля Северный Рейн–Вестфалия

е) Где вы были вчера?   6. Fall

- Московский Кремль
- московская библиотека
- Большой театр (в)
- Малый театр
- интересная выставка (на)
- большой стадион (на)
- автомобильный салон (в)
- хороший концерт (...)
- вокзал в Бохуме (на)

4. Переведите.

Heute ist der 2., 12., 22. Mai.	am 2., 12., 22. Mai
Morgen ist der 3., 13., 23. Juli.	am 3., 13., 23. Juli
Gestern war der 7., 17., 27. Oktober.	am 7., 17., 27. Oktober

5. Поговорите друг с другом. Gestalten Sie Gespräche:

- Laden Sie jemanden zu etwas ein.
- Reagieren Sie positiv darauf.
- Verabreden Sie sich.

6. „nicht haben" – „nicht vorhanden sein"

У Сергея **нет машины**.
У Наташи **нет этой книги**.
У меня **нет денег**.

На Луне (Mond) **нет атмосферы.**
На нашей даче **нет электри́чества** (Elektrizität/Strom).

Den deutschen Ausdrücken „nicht haben", „nicht vorhanden sein", „nicht geben" entspricht das russische **нет**, welches immer den **Genitiv** nach sich zieht. In der Vergangenheit verwenden Sie dafür **не́ было**, in der Zukunft **не бу́дет**.

7. *Туристы осматривают немецкий город.*
   Кого/чего нет на правом рисунке? (4)

8. Wodurch unterscheiden sich Serjosha und Sascha?

Серёжа   **Саша**

9. Кого здесь нет?

Wenn Sie „weder . . . noch . . ." ausdrücken möchten, verwenden Sie folgende Struktur:

У Сергея *нет ни* машины, *ни* мотоцикла.
У Сергея *не́ было ни* машины, *ни* мотоцикла.
У Сергея *не будет ни* машины, *ни* мотоцикла.

Präsens:		нет ни . . . , ни . . .	
Präteritum:	(у меня)	не́ было ни . . . , ни . . .	+ Genitiv
Futur:		не бу́дет ни . . . , ни . . .	

10. Ответьте на вопросы.

У Ивана есть дома́ или квартиры?
У Ивана нет ни домов, ни квартир.

1. У Наташи есть вопросы или проблемы?
2. У Олега есть ма́рки или рубли́?
3. У ученика есть ручки или карандаши́?
4. В Вашем городе есть театры или музе́и?
5. У Тамары есть дети или внуки?
6. На Луне есть люди или животные?
7. В Сахаре есть широ́кие (breit) реки или высо́кие го́ры?
8. У Тани есть симпатичные друзья или интересные знакомые?

11. Drücken Sie aus, dass

– es in Ihrer Stadt weder ein Stadion noch ein Schwimmbad gibt,
– es in diesem Restaurant weder französischen (французский) Wein noch russischen Wodka gibt,
– es in dieser Stadt früher weder Museen noch Theater gab,
– es in der Sowjetunion weder Demokratie noch freie Wahlen (вы́боры, Mz.) gab,
– es in Bochum weder eine Oper (оперный театр) noch einen internationalen Flughafen geben wird.

Die Aspekte des russischen Verbs

(Dieser Abschnitt richtet sich an Lerner, die sich mit dem russischen Verbalaspekt bislang nicht oder nur wenig befasst haben. Wenn Sie bereits ein angehender „Aspekt-Spezialist" sind, können Sie direkt mit den Übungen ab S. 50 einsetzen.)

Den meisten deutschen Verben stehen im Russischen jeweils zwei Verben gegenüber, ein unvollendetes und ein vollendetes Verb, die sogenannten Aspekte des Verbs (виды глагола).

читать   -   unvollendeter Aspekt   (несовершённый вид)

прочитать   -   vollendeter Aspekt   (совершённый вид)

Grundregeln des Aspektgebrauchs

1. Сегодня я *читаю* русские и немецкие газеты.

   Ich tue etwas jetzt. (Präsens)

2. Вчера я *читал, писал* и *смотрел* телевизор.

   Ich habe gestern diese Tätigkeiten ohne konkretes/benanntes Resultat ausgeübt. (Präteritum, unvollendeter Aspekt)

3. Завтра я *буду писать, читать* и *смотреть* телевизор.

   Morgen werde ich diese Tätigkeiten ausüben. (Futur, uvo. Aspekt)

4. Я *часто читал* тексты о Москве.

   Ich habe diese Tätigkeit wiederholt ausgeübt. (Prät., uvo. Aspekt)

5. Во время отпуска я много *буду читать, буду писать* письма и *буду смотреть* телевизор.

   Ich werde diese Tätigkeiten wiederholt ausüben. (Futur, uvo. Aspekt)

6. Завтра я *долго буду писать, читать* и *смотреть* телевизор.

   Ich werde diese Tätigkeiten lange ausüben. (Futur, uvo. Aspekt)

7. Я вчера очень *долго читал* трудный текст.

   Ich habe diese Tätigkeit lange ausgeübt. (Prät., uvo. Aspekt)

8. Наконец я *прочитал* его.

   Ich habe diese Tätigkeit ausgeübt und mit einem konkreten/ benannten Resultat abgeschlossen. (Prät., vollendeter Aspekt)

Wiederholung und Vertiefung: Aspekte

9. Завтра я *наконец прочитаю* этот текст. *(abgeschlossen)*

   Ich werde diese Tätigkeit einmalig mit einem konkreten Resultat ausüben. (Futur, vollendeter Aspekt)

10. Я *сидел* на диване *и читал* газету. *(gleichzeitig)*

    Ich ging gleichzeitig verschiedenen Tätigkeiten nach. (Prät., uvo. Aspekt)

11. Сначала я *написал* письмо, потом я *пошёл* на почту и *отправил* (abschicken) его в Москву. *aufeinanderfolgende Handlungen (vo)*

    Nachdem ich eine Tätigkeit mit einem konkreten Resultat abgeschlossen hatte, schlossen sich andere Tätigkeiten mit konkreten Resultaten an. (Prät., vollendeter Aspekt)

Unvollendeter Aspekt

– Tätigkeit an sich

– sich wiederholende Tätigkeit

– andauernde Tätigkeit *(z.B. 4 Stunden)*

Vollendeter Aspekt *(прочитать)*

– einmalige Tätigkeit mit konkretem/benanntem Resultat *до конца*

 Vollendete Verben haben keine Präsensform, sondern nur Präteritum und Futur.
Я уже прочитал эту книгу. Ich habe dieses Buch schon gelesen.
Я прочитаю эту книгу: Ich werde dieses Buch durchlesen.

 Das Futur vollendeter Verben darf nie mit Formen von быть gebildet werden.

 Sichern Sie Verbformen in Präteritum und Futur durch Signalwörter ab, die Dauer, Wiederholung, Einmaligkeit, Resultat etc. signalisieren.

Ausgewählte Signalwörter

für unvollendeten Aspekt		für vollendeten Aspekt	
часто	oft	вдруг	plötzlich
редко	selten	сразу	sofort
иногда	manchmal	неожиданно	unerwartet
никогда не	niemals	наконец	und schließlich
всегда	immer		
обычно	gewöhnlich		
долго	lange		
каждый день	jeden Tag		
три часа	drei Stunden		

Lektion 1 – Aus Geschichte und Gegenwart Russlands

Bildung von Aspektpaaren: Siehe RÜG, S. 16-18

1. Назовите совершенный вид. Nennen Sie den vollendeten Aspekt!

1. смотре́ть / *посмотреть*
2. гото́вить / *приготовить*
3. де́лать / *сделать*
4. получа́ть / *получить*
5. начина́ть / *начать*
6. отвеча́ть / *ответить*
7. писа́ть / *написать*
8. покупа́ть / *купить*
9. понима́ть / *понять*
10. повторя́ть
11. брать
12. говори́ть
13. чита́ть / *прочитать*
14. пока́зывать / *показать*
15. спра́шивать / *спросить*
16. конча́ть / *кончить*

2. Bilden Sie die 1. und die 2. Person der in Übung 1 aufgelisteten Verben (beide Aspekte). Setzen Sie auch die Betonungszeichen.

3. Ответьте на вопросы. Ihr Gesprächspartner will in Erfahrung bringen, ob Sie eine bestimmte Tätigkeit schon ausgeführt und mit dem ihn interessierenden **Resultat** abgeschlossen haben. Sie antworten ihm, dass Sie das morgen erledigen werden. Behalten Sie in Ihrer Antwort also den **vollendeten Aspekt** der Frage bei.

Вы уже получили новый журнал?
Нет, но завтра я получу́ новый журнал.

1. Вы уже прочита́ли этот текст?   - Нет, завтра . . . . . .
2. Вы уже посмотре́ли новый фильм Михалко́ва?
3. Вы уже сде́лали эксперимент?
4. Вы уже написа́ли письмо Сергею?
5. Вы уже повтори́ли грамматику?
6. Вы уже взя́ли компьютерную программу?
7. Вы уже отве́тили на e-mail Наташи?
8. Вы уже сказа́ли директору, что Сергей болен?
9. Вы уже пригото́вили борщ для наших гостей?
10. Вы уже получи́ли визу?

Wiederholung und Vertiefung: Aspekte

4. Ответьте на вопросы.
Ihr Gesprächspartner will in Erfahrung bringen, ob Sie morgen eine bestimmte Tätigkeit ausführen und mit einem konkreten Ergebnis abschließen werden. Sie antworten ihm: "Natürlich, ich tue das jeden Tag." Da Sie die Frage im **Präsens** beantworten, müssen Sie in Ihrer Antwort den vollendeten Aspekt der Frage durch den entsprechenden **unvollendeten Aspekt** ersetzen.

– Вы завтра полу́чите „Изве́стия"?
– Коне́чно, я ка́ждый день получа́ю „Изве́стия".

1. Вы завтра посмо́трите программу „Время"?
2. Вы завтра ку́пите газету „Известия"?
3. Вы завтра начнёте работать в 8 часов?
4. Вы завтра прочита́ете новости в газете „Аргументы и Факты"?
5. Вы завтра сде́лаете комплимент (жене/мужу/преподавателю)?
6. Вы завтра повтори́те новые русские слова?
7. Вы завтра пригото́вите ужин?
8. Вы завтра отве́тите на e-mail друга?
9. Вы завтра напи́шете письмо подруге?
10. Вы завтра ска́жете преподавателю, что Вы вы́учили слова?

5. Вставьте правильный вид. Setzen Sie den richtigen Aspekt ein. Zeitform: Präteritum. Begründen Sie Ihre Entscheidung.

1. Сегодня Наташа весь вечер ...*смотрела*... телевизор. (смотре́ть/посмотре́ть)
2. Володя долго ...*готовил*... обед и наконец он ...*приготовил*... салат и котлеты. (гото́вить/пригото́вить)
3. Вчера после обеда я ...*читал*... и ...*гулял*... (чита́ть/прочита́ть; гуля́ть/погуля́ть)
4. Дети ...*играли*... (игра́ть/сыгра́ть), а мать ...*готовила*... обед. (гото́вить/пригото́вить)
5. Раньше я всегда ...*посещала*... (besuchen) (посеща́ть/посети́ть) сайт „Москва-Медиа".
6. Вот я наконец ...*кончил*... это упражнение. (конча́ть/ко́нчить)
7. Я всё ...*сделала*... правильно. (делать/сделать)

6. Fragen Sie Ihren Kollegen/Ihre Kollegin, ob

- sie/er sich einen neuen Drucker gekauft hat,
- sie/er auch andere Drucker angesehen hat,
- er/sie auf seinem Computer auch russisch schreiben kann,
- er/sie sich nun bald auch einen neuen Computer kaufen wird,
- er/sie jeden Tag ins Internet geht,
- er/sie manchmal auch im Internet spielt,
- er/sie wichtige Informationen im Internet bekommt.

Ortsangaben

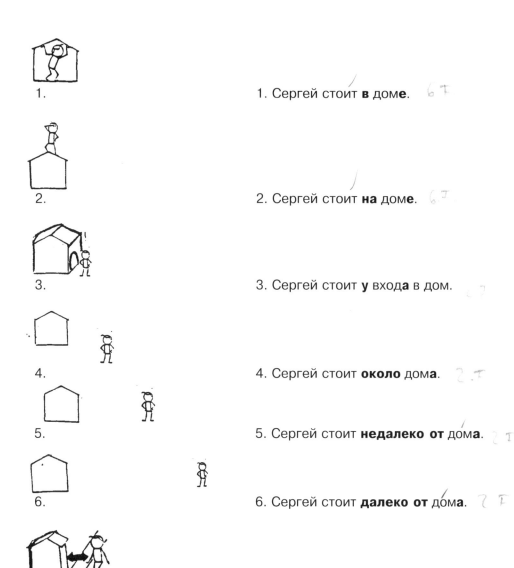

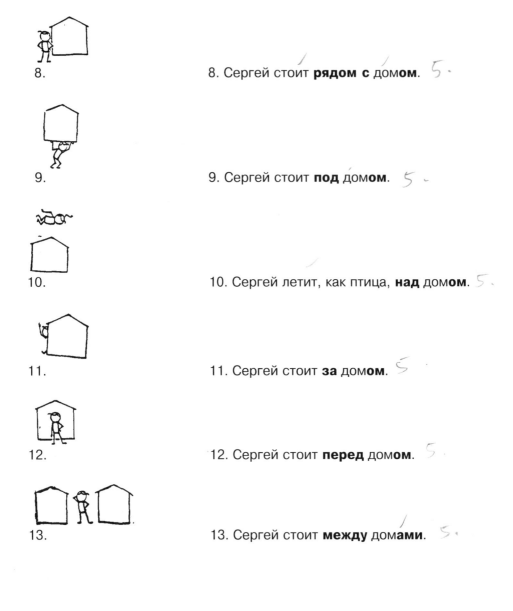

Übersicht

Präposition	Kasus	Grundbedeutung	Beispiel
у	2. Fall	bei, an	Он стои́т у окна́.
о́коло	2. Fall	in der Nähe von	ГУМ нахо́дится о́коло Кремля́.
далеко́ от	2. Fall	weit von	Байка́л нахо́дится далеко́ от Москвы́.
недалеко́ от	2. Fall	nicht weit von	Ирку́тск нахо́дится недалеко́ от Байка́ла.
напро́тив	2. Fall	gegenüber	Авто́бус стои́т напро́тив теа́тра.
ря́дом с	5. Fall	neben	Ива́н сиди́т ря́дом с О́лей.
над	5. Fall	über	Ла́мпа виси́т над столо́м.
под	5. Fall	unter	Ко́шка сиди́т под столо́м.
пе́ред	5. Fall	vor	Маши́на стои́т пе́ред до́мом.
за	5. Fall	hinter	Сад нахо́дится за до́мом.
ме́жду	5. Fall	zwischen	Ту́ла нахо́дится ме́жду Москво́й и Орло́м. (Орёл)
в	6. Fall	in	ГУМ нахо́дится в Москве́.
на	6. Fall	auf	Кни́га лежи́т на столе́.

Mittel der Fortbewegung

по́езд	на по́езде
маши́на	на маши́не
авто́бус	на авто́бусе
самолёт (Flugzeug)	на самолёте
метро́	на метро́
трамва́й	на трамва́е
тролле́йбус	на тролле́йбусе
велосипе́д	на велосипе́де
мотоци́кл	на мотоци́кле
парохо́д	на парохо́де (Dampfer/Schiff)

Merken Sie sich außerdem:

у́лица	на улице	
проспе́кт	на проспекте	
вокза́л	на вокзале	
стадио́н	на стадионе	
вы́ставка	на выставке	
спекта́кль	на спектакле (Schauspiel)	
конце́рт	на концерте	
да́ча	на даче	
по́чта	на почте	
рабо́та	на работе	
заво́д	на заводе	
фа́брика	на фабрике	
предприя́тие	на предприятии (Unternehmen/Betrieb)	
ро́дина	на родине	
куро́рт	на курорте	
свобо́да	на свободе (Freiheit)	
Ура́л	на Урале	
Алта́й	на Алтае	
Кавка́з	на Кавказе	
Камча́тка	на Камчатке	
Сахали́н	на Сахалине	
Украи́на	на Украи́не – в Украи́не	
се́вер	на севере	
восто́к	на востоке	
юг	на юге	
за́пад	на западе	
Крым	в Крыму́	auf der Krim
аэропо́рт	в аэропорту́	auf dem Flughafen
стол	за столо́м	am Tisch, bei Tisch
руль (Lenkrad)	за рулём	am Steuer
рабо́та	за работой	bei der Arbeit
го́род	под городом	in unmittelbarer Nähe der Stadt
	под Москвой	bei Moskau
го́род	за городом	außerhalb der Stadt („Шереметьево 2" находится за городом.)
грани́ца	за границей	im Ausland

RÜG S. 157-163 / 191-192

Wiederholung und Vertiefung: Ortsangaben

1. *Закончите предложения.*
   Setzen Sie die in Klammer stehenden Ausdrücke in den erforderlichen Kasus.

   1. Александровский Сад находится около .... (Московский кремль).
   2. Самолёт летит над ... *городом Москва* ... (город Москва).
   3. Старый московский цирк находится у ... *рынка* ... (центральный рынок/Zentralmarkt).
   4. Ресторан „Прага" находится между ... (Старый Арбат и Новый Арбат).
   5. Аэропорт „Шереметьево 2" находится за ... *городом* ... (город).
   6. Метро находится под ... *городом* ... (город).
   7. Малый театр находится напротив ... *Детского театра* ... (Детский театр).
   8. Туристы стоят перед ... (гостиница „Россия").
   9. Киев находится на/в ... *Украине* ... (Украина).
   10. Турист стоит на ... *берегу моря* ... (берег моря).

2. *Дополните. Ergänzen Sie die folgenden Sätze durch passende Präpositionen.*

   1. Большой театр находится ... *между* ... Малым театром и Детским театром.
   2. Центральный телеграф находится ... *на* ... Тверской улице.
   3. Гостиница „Метрополь" находится ... *около/напротив* ... Большого театра.
   4. Кремль находится ... *на* ... центре города.
   5. ГУМ находится ... *напротив* ... Кремля.
   6. Станция метро „Театральная" находится ... *под* ... Малым театром.

3. Beschreiben Sie einem Bekannten die Lage von Straßen, Plätzen, Restaurants, Metrostationen usw.

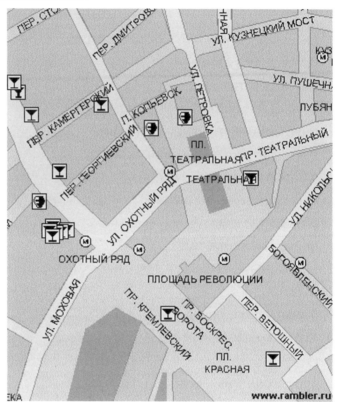

4. Где находится?
   Geben Sie die Lage innerhalb Russlands, innerhalb eines anderen Landes, an einem Fluss, in einem Erdteil, mit Hilfe von Himmelsrichtungen etc. an. Die Angaben unterhalb der geografischen Begriffe dienen nur als Hilfestellung und als Anregung – Sie haben freie Hand!

   1. Владивосто́к
   2. Ирку́тск
   3. Ита́лия
   4. Да́ния
   5. Пари́ж
   6. Ура́л
   7. Чечня́ (Tschetschenien)
   8. Оде́сса
   9. Рейн
   10. Кремль
   11. Эрмита́ж (Eremitage)

12. Тбили́си (Tiflis)
13. Но́вгород
14. Астрахань
15. метро́
16. Му́рманск

се́вер, ю́го-за́пад . . ., Днепр, Чёрное море, Закавка́зье (Transkaukasien), Евро́па, Во́лга, Белое море, Северный Ледовитый океан (Nördliches Eismeer), Азия, за́падная Европа, Гру́зия, Каспи́йское море, Байка́л, Да́льний Восто́к (Ferner Osten), Украи́на, Кавка́з, . . .

5. Ответьте на вопросы.

1. Где Вы учились в школе?

2. Где Вы отдыхали в этом году?

3. Где Вы были вчера?

4. Где Вы будете после курса?

6. Опишите. Beschreiben Sie jemandem

a) die Sitzordnung in Ihrer Gruppe: Wer sitzt neben wem, wem gegenüber etc.

b) die Lage des Russicums/Ihres Betriebes/Ihrer Schule/Ihrer Botschaft etc. in der jeweiligen Stadt: Welche öffentlichen Gebäude (Bahnhof, Theater...) liegen in der Nähe, gegenüber etc., in welcher Straße liegt Ihr Betrieb etc., auf welcher Etage befindet sich Ihr Büro etc.

Die Verben des Beginnens und Endens

Transitiv	Intransitiv
начина́ть/нача́ть: beginnen	начина́ться/нача́ться: beginnen
конча́ть/ко́нчить: beenden	конча́ться/ко́нчиться : enden
Сергей начинает работать. Профессор на́чал лекцию.	Работа Сергея начина́ется. Лекция начала́сь.
Сергей конча́ет работать в 8 часов. Учитель ко́нчил урок.	Работа Сергея конча́ется. Уро́к ко́нчился.
	Зима конча́ется, а весна начина́ется.

1) Die transitiven Verben *начина́ть/нача́ть* (etwas beginnen) und *конча́ть/ ко́нчить* (etwas beenden) verlangen entweder ein **Akkusativobjekt** (Он начина́ет работу.) **oder** ein **unvollendetes Verb** im **Infinitiv** (Он начина́ет работать.).

2) Die intransitiven Verben *начина́ться/нача́ться* (etwas beginnt) und *конча́ться/ко́нчиться* (etwas endet) stehen **ohne** derartige **Ergänzungen** und werden ausschließlich in der **dritten Person** Singular und Plural gebraucht: Концерт начина́ется. Ресурсы ко́нчились.

Beachten Sie a) die Konjugation von нача́ть:

я начну́, ты начнёшь, он начнёт; мы начнём, вы начнёте, они начну́т

b) die Betonung im Präteritum:

нача́ть: на́чал, начала́, на́чало, на́чали
нача́ться: начался́(!), начала́сь, начало́сь, начали́сь

1. *Переведите.*
   Achten Sie auf den Gebrauch der kursiv gedruckten Verben.

1. Сергей каждый день *начина́ет* работать в 8 часов. Его рабочий день (Arbeitstag) *начина́ется* в 8 часов.

2. Вчера он *на́чал* работу над новым проектом. После обеда он был на футбольном матче. Матч *начался́* в 4 часа.

Wiederholung und Vertiefung: "Beginnen – Enden"　　61

3. Обычно Сергей *конча́ет* работать в 4 часа. Его рабочий день *конча́ется* в 4 часа.
4. Вчера Сергей *ко́нчил* работать уже в 3 часа и пошёл на футбольный матч. Матч *ко́нчился* в 17.45.

2. Нача́ть или нача́ться? Ко́нчить или ко́нчиться?
Setzen Sie die vom Kontext geforderten Verben im Präteritum ein. Behalten Sie die angegebenen vollendeten Aspekte bei.

1. Вчера вечером я был в кино. Фильм был очень длинный (lang): он ...*нача́лся*... в 7.30, а ...*ко́нчился*... только в 11 часов.
2. Вчера утром я ...*на́чал*... работать уже в 6.30, и поэтому я очень устал.
3. Как только (как только – sofort nachdem) фильм ...*нача́лся*......., я засну́л (засну́ть - einschlafen).
4. Когда фильм ...*ко́нчился*......, все люди встали и вышли из кинотеатра.
5. Когда я пришёл домой, моя жена ...*начала́*... спрашивать меня о фильме, понравился мне фильм или нет. А я абсолютно ничего не знал об этом фильме! И поэтому жена мне не пове́рила (поверить - glauben), что я был в кинотеатре и что я заснул там.
6. ...*Начала́сь*... неприятная (unangenehm) дискуссия.
7. Как только моя жена ...*начала́*... говорить, я опять (wieder) заснул, потому что я очень устал.

3. a) Teilen Sie jemandem mit, dass
  - der Kurs um 8.15 Uhr beginnt, *начина́ется*
  - die erste Pause um 9.45 beginnt und 10.15 Uhr endet, *начина́ется / конча́ется*
  - der Kurs am Montag beginnt und am Freitag endet.

b) Fragen Sie jemanden, wann
  - in Russland das neue Schuljahr beginnt, *уче́бный год*
  - der Urlaub Ihres Kollegen beginnt und endet, *о́тпуск*
  - das neue Semester beginnt.

Wörterverzeichnis Lektion 1

1. *(Wörter ohne Kennzeichnung = Lernwortschatz,
   Wörter mit * = Ergänzungswortschatz)*
2. *Mittlere Spalte: Hilfestellungen, Assoziationen, Hinweise auf Lexik aus „Russisch
   intensiv – Grundkurs I" (Wiesbaden 2000) (⇨)*
3. *~ steht für das betreffende Wort der linken Spalte.*

Из истории России в 20-ом веке

*Вели́кая Оте́чественная война́	⇨ вели́кий ⇨ оте́ц ⇨ война́	Großer Vaterländischer Krieg (1941-1945)
во вре́мя + 2.F.	⇨ вре́мя	während, zur Zeit von
война́		Krieg
*генера́льный секрета́рь		Generalsekretär
госуда́рство	⇨ госуда́рственный	Staat
*капитали́зм		Kapitalismus
*коммунисти́ческий	коммунисти́ческая па́ртия	kommunistisch
*кри́зис	полити́ческий ~	Krise
*НЭП	**Н**о́вая **э**кономи́ческая **п**оли́тика	NÖP: Neue Ökonomische Politik
*образова́ться vo.		sich bilden
*Октя́брьская револю́ция	⇨ октя́брь	Oktoberrevolution
основа́ть vo.	⇨ основно́й ⇨ основа́ние	gründen
*оте́чественный	⇨ оте́ц ⇨ Вели́кая ~ая война́	vaterländisch
па́ртия	социа́л-демократи́ческая ~	Partei
*перестра́ивать (uvo.) -аю, -аешь	⇨ перестро́йка	umbauen
*перестро́ить (vo.) -о́ю, -о́ишь		
перестро́йка		Perestrojka, Umbau
*пла́новый	⇨ план ~ое хозя́йство	Plan-
президе́нт	~ Росси́йской Федера́ции	Präsident
продолжа́ть (uvo.) -а́ю, -а́ешь		fortsetzen, verlängern
продо́лжить (vo.) -жу, -жишь		
рабо́чий	⇨ рабо́та / рабо́тать ~ день	Arbeiter, Arbeits-
*распа́д	⇨ распада́ться (s.u.)	Zerfall
*распада́ться (uvo.) *распа́сться (vo.)	СССР распа́лся.	zerfallen
рефо́рма	экономи́ческие рефо́рмы	Reform
СНГ	**С**одру́жество **Н**езави́симых **Г**осуда́рств	GUS – Gemeinschaft Unabhängiger Staaten

*сове́тский	Сове́тский Сою́з	sowjetisch
Сове́тский Сою́з		Sowjetunion
социа́л-демократи́ческий	~ая па́ртия	sozialdemokratisch
социали́зм		Sozialismus
сою́з	**Е**вропе́йский **С.** EC/EU	Union
структу́ра		Struktur
тяжёлый	~ое зада́ние	schwer, hart, schwierig
умира́ть (uvo.)		sterben
-а́ю, -а́ешь		
умере́ть (vo.)		
умру́, умрёшь		
(Verg.: у́мер, умерла́,		
у́мерли)		
факт		Tatsache
эконо́мика	ры́ночная ~ (Markt-)	Wirtschaft
элеме́нт		Element
эпо́ха		Epoche

В гостях у русских

бо́льше, чем	↪ большо́й	mehr als
*будь = Imperativ von		
быть		
варе́нье		Konfitüre
*вести́ себя́		sich benehmen
ветчина́		Schinken
*внача́ле	↪ нача́ло	zuerst, anfangs
горя́чее		Hauptgericht
друг к дру́гу		zueinander
еда́		Essen; Speise
забыва́ть (uvo.)		vergessen
забыва́ю, -а́ешь		
забы́ть (vo.)	~ но́мер телефо́на	
забу́ду, забу́дешь		
*заходи́ть (uvo.)	Заходи́те!	eine Stippvisite abstatten,
захожу́, захо́дишь	↪ ходи́ть	kurz vorbeikommen;
		eintreten, hereinkommen
*зайти́ (vo.)	↪ идти́	
зайду́, зайдёшь		
заку́ска	↪ вку́сно	Vorspeise
игру́шка	↪ игра́ть	Spielzeug
икра́		Kaviar
колбаса́		Wurst
конфе́ты (Mz.)		Bonbons; Konfekt
молодёжь (w.)	↪ молодо́й	Jugend (junge Leute)
напи́ток	↪ пить	Getränk
*неприли́чно		gehört sich nicht, ziemt
		sich nicht
обяза́тельный		obligatorisch, Pflicht-

пра́вило	⇨ пра́вильно	Regel; Norm
предлага́ть (uvo.)		anbieten; vorschlagen
-а́ю, -а́ешь		
предложи́ть (vo.)		
предложу́, предло́жишь		
разли́чный		verschieden(artig)
сле́дующий	Кто ~?	folgend, nächst
солёный	⇨ соль	salzig; (ein)gesalzen
сыр		Käse
угоще́ние	⇨ гость	Bewirtung
	типи́чное ~	
удивля́ться (uvo.) + 3.F.		sich wundern (über)
удивля́юсь, удивля́ешься		
удиви́ться (vo.)		
удивлю́сь, удиви́шься		
*чо́каться (uvo.)		anstoßen
*чо́кнуться (vo.)		

Но́вый год

*впервы́е	⇨ пе́рвый	erstmals
вдруг		plötzlich
всю́ду		überall
горчи́ца		Senf
де́ло	У меня́ к вам ~.	Sache; Angelegenheit
звоно́к	⇨ звони́ть	Klingel; Klingelzeichen
иска́ть (uvo.)		suchen
ищу́, и́щешь		
ка́мень		Stein
Mz.: ка́мни		
моро́з	стоя́т моро́зы	Frost
*нового́дний	⇨ но́вый ⇨ год	Neujahrs-, Silvester-
*под Но́вый год		am Silvesterabend
обра́тно	туда́ и ~	zurück
объясня́ть (uvo.)	⇨ я́сно	erklären
объясни́ть (vo.)		
-ню́, -ни́шь		
оди́н		*hier:* bloß, nur
одина́ковый	⇨ оди́н	gleich
*(не) повезло́ (umg.)		(kein) Glück haben
поднима́ться (uvo.)		hinaufgehen, -fahren
подня́ться (vo.)		
подниму́сь;		
подни́мешься		
(*Verg.:* подня́лся)		
подъе́зд	⇨ е́здить	Eingang
поря́док	по поря́дку	Ordnung; Reihenfoge

похо́жий (на что/кого)		ähnlich
пра́вый	Вы пра́вы.	*hier:* recht haben
*родны́е	↪ ро́дственники	Verwandte
*сам, сама́, само́, са́ми		selbst
свет		Licht; Schein
*скуча́ть (uvo.)	↪ ску́чно	sich langweilen
тёплый		warm
улыба́ться (uvo.)		lächeln
улыба́юь, улыба́ешься		
улыбну́ться (vo.)		
улыбну́сь, улыбнёшься		
*хвали́ть (uvo.)		loben, rühmen
*похвали́ть (vo.)		loben
-лю́, -лишь		
це́лый		ganz

Диалоги

вку́сно	Это ~.	schmackhaft
Вот как!		Sieh da! Ach so!
всё–таки		trotzdem; dennoch
гостеприи́мство	↪ гость	Gastfreundschaft
действи́тельный	Это действи́тельно так.	wirklich; tatsächlich
есть (uvo.)	Ты уже́ всё съел?	essen; speisen
съесть (vo.)	Мне хо́чется ~.	
ем, ешь, ест,		
еди́м, еди́те, едя́т		
любе́зный	↪ люби́ть	liebenswürdig; freundlich
налива́ть (uvo.)	~ вино́	einschenken; eingießen
налива́ю, налива́ешь		
нали́ть (vo.)		
налью́, нальёшь		
*пирожо́к (Mz.: пирожки)		Pastete
пить (uvo.)		trinken
пью, пьёшь		
вы́пить (vo.)	Дава́йте вы́пьем!	
вы́пью, вы́пьешь		
приглаша́ть (uvo.)	Я приглаша́ю Вас в го́сти.	einladen
-а́ю, -а́ешь		
пригласи́ть (vo.)		
приглашу́, пригласи́шь		
приглаше́ние	Спаси́бо за ~.	Einladung
положи́ть (vo.)		legen; *hier:* auflegen
положу́, поло́жишь		
класть (uvo.)		
кладу́, кладёшь		

проси́ть (uvo.)   Прошу́ к столу́.   bitten
   прошу́, про́сишь
попроси́ть (vo.)
споко́йный   Споко́йной но́чи!   ruhig; still
сра́зу   sofort; sogleich
сыт (-а́, -ы)   satt
Угоща́йтесь!   Greifen Sie zu!
*угоща́ться   sich bedienen
   угоща́юсь, угоща́ешься
ую́тно (Adv.)   gemütlich
хозя́ин (Mz.: хозя́ева)   Hausherr; Hauswirt
хозя́йка   Hausherrin; Hauswirtin

Росси́я — это и компью́тер и интерне́т

входи́ть (uvo.)   ~ в интерне́т (4.F.)   hineingehen, eintreten
   вхожу́, вхо́дишь
войти́ (vo.)
   войду́, войдёшь
   Verg.: вошёл, вошла́
догово́р   ⇨ говори́ть   Vertrag
до́ступ   Zugang, Zutritt
заключа́ть (uvo.)   ~ контра́кт   schließen, abschließen
   -а́ю, -а́ешь
заключи́ть (vo.)   ⇨ ключ
   -чу́, -чи́шь
*любо́й   jeder beliebige
обслу́живание   Betreuung, Bedienung
*объединя́ть (uvo.)   ⇨ оди́н   vereinen, vereinigen
   -я́ю, -я́ешь
*объедини́ть (vo.)
*ока́зывать (uvo.)   ~ по́мощь   Hilfe leisten
   -аю, -аешь
*оказа́ть (vo.)
   окажу́, ока́жешь
*пересы́лка   ⇨ пере-   Versand
пого́да   хоро́шая ~   Wetter
подключа́ть(ся) (uvo.)   ~ к интерне́ту   (sich) anschließen
   -а́ю(сь), -а́ешь(ся)
подключи́ться   ⇨ ключ
   -чу́(сь), -чи́шь(ся)
*поиско́вый   ⇨ иска́ть   Such-
получа́ть (uvo.)   ~ информа́цию   erhalten, bekommen
получи́ть (vo.)
   получу́, полу́чишь
по́мощь (w.)   ⇨ помога́ть   Hilfe

посеща́ть (uvo.)		besuchen
-а́ю, -а́ешь	~ о́фис	
посети́ть (vo.)		
посещу́, посети́шь		
развива́ться (uvo.)		sich entwickeln
-а́юсь, -а́ешься		
расписа́ние	~ самолётов, ~ поездо́в	Plan
самолёт	✈ лета́ть	Flugzeug
слу́жба		Dienst
това́р		Ware, Artikel
торго́вля	~ това́рами	Handel

Урок 2

Россия́не вчера́ и сего́дня

1. После **сме́рти** Сталина начала́сь **о́ттепель**. Лю́ди на́чали жить **бо́лее** свобо́дно. Но э́тот пери́од продолжа́лся недо́лго.
Начала́сь эпо́ха Бре́жнева. Её сего́дня называ́ют эпо́хой **засто́я**. Сове́тское госуда́рство гаранти́ровало стаби́льную пе́нсию, госуда́рственную кварти́ру, **беспла́тное образова́ние** и медици́нское **обслу́живание**. Не на́до бы́ло ду́мать, что бу́дет за́втра.
Мно́гим лю́дям нра́вилась э́та жизнь. Лю́ди ходи́ли на рабо́ту, в рабо́чее вре́мя говори́ли на **ли́чные** те́мы, **стоя́ли** в **очередя́х** за **дефици́том**. Отдыха́ть е́здили в санато́рии, на **куро́рты**, в дома́ о́тдыха или на да́чу.
Но лю́ди, кото́рые чу́вствовали себя не свобо́дными в свое́й стране́, ча́сто встреча́лись с друзья́ми, говори́ли о поли́тике, о литерату́ре **самизда́та**. Э́то бы́ло **небезопа́сно**.

2. Михаи́л Горбачёв на́чал перестро́йку и демократиза́цию страны́. Начался́ **перехо́д** от пла́нового хозя́йства к **ры́ночной** эконо́мике. На э́том **пути́** бы́ло мно́го **тру́дностей** и пробле́м.
Появи́лись бе́дные, а та́кже бога́тые: но́вые ру́сские. На́чали **создава́ть ча́стные предприя́тия**: появи́лась ча́стная **инициати́ва**, **жела́ние** рабо́тать и **зараба́тывать** де́ньги.

В 2000 (двухты́сячном) году́ но́вым президе́нтом Росси́и стал Влади́мир Пу́тин. А каки́м путём Росси́я пойдёт да́льше, **пока́жет бу́дущее**.

Упражне́ния и зада́ния к те́ксту „Россия́не вчера́ и сего́дня":

1. Отве́тьте на вопро́сы к пе́рвой ча́сти те́кста:

1. Како́й пери́од начался́ по́сле сме́рти Ста́лина?
2. Как лю́ди жи́ли в то вре́мя?
3. Как сего́дня называ́ют эпо́ху Бре́жнева?

4. Почему в то время не надо было думать, что будет завтра?
5. Как жили люди, которым нравилась эта жизнь?
6. Куда они ездили отдыхать?
7. А как жили люди, которые не чувствовали себя свободными в своей стране?

2. Дополните:

1. После смерти Сталина ....
2. Люди на́чали ....
3. В эпоху Брежнева не надо было думать, ...
4. Советское государство гарантировало ....
   ....
5. Многим людям ....
6. Отдыхать ездили ....
7. Но люди, которые не чувствовали себя ....
   ....

3. Ответьте на вопросы ко второй части текста:

1. Какой новый пери́од на́чал Михаил Горбачёв?
2. Почему многие люди в России критиковали экономические реформы?
3. Как новые русские реагировали на экономические реформы?

4. Переведите:

1. Nach Stalins Tod begannen die Menschen, freier zu leben.
2. In der Epoche der Stagnation brauchte man nicht zu überlegen, was morgen sein wird.
3. Der Staat garantierte eine stabile Rente, staatliche Wohnung, kostenlose Ausbildung und medizinische Versorgung.
4. Vielen Menschen gefiel dieses Leben.
5. Die Menschen standen in Schlangen für Mangelware an.
6. Zur Erholung fuhren sie in Sanatorien, Kurorte, Erholungsheime oder auf die Datscha.
7. Leute, die sich in ihrem Land nicht frei fühlten, trafen sich mit Freunden, sprachen über Politik, über Samisdat-Literatur.
8. Die neuen Russen begannen, Privatunternehmen zu gründen.
9. Es entstanden Privatinitiative, der Wunsch zu arbeiten und Geld zu verdienen.

5. Правильно или неправильно?
Verwenden Sie Wendungen zur Meinungsäußerung aus der 1. Lektion, um Ihre Entscheidung zu kommentieren:

1. После смерти Брежнева люди начали жить более свободно.
2. Горбачёв гарантировал стабильную пенсию и государственную квартиру.
3. Всем людям нравилась эта стабильная жизнь.
4. На пути к рынку было много трудностей и проблем.
5. Бывшие коммунисты начали создавать частные предприятия.
6. Каким путём Россия пойдёт дальше, уже показала история.

6. Резюмируйте первую часть текста:

– после смерти Сталина

– люди начали

– этот период

– эпоху Брежнева сегодня называют

– советское государство гарантировало

– думать, что будет завтра

– многим людям

– они говорили ...., стояли ....

– ездили отдыхать

– были и люди, которые не чувствовали себя ....

– они встречались ...., говорили ....

7. Составьте разговор следующих людей; употребите слова из текста:
Stellen Sie ein Gespräch folgender Personen zusammen; verwenden Sie dabei Wörter und Wortverbindungen aus dem Text.

– русский, который неплохо жил в эпоху Брежнева

– русский, который не чувствовал себя свободным в своей стране в эпоху Брежнева

– новый русский

Как они жили раньше и как они живут сегодня?

8. Как Вы думаете, россияне „постро́ят прекра́сное бу́дущее" за 10-20 лет? Да или нет? Почему Вы так думаете?

Бу́дни в Росси́и

1.
Как и где живёт обы́чная росси́йская семья́?

Городска́я семья́ обы́чно живёт в ма́ленькой кварти́ре. Ра́ньше ра́зные **поколе́ния** жи́ли вме́сте. Сейча́с ситуа́ция **меня́ется**, потому́ что сего́дня молоды́е лю́ди мо́гут найти́ кварти́ру и жить **отде́льно**.

Росси́йские се́мьи, как пра́вило, небольши́е (3-4 челове́ка): из-за фина́нсовых тру́дностей у них то́лько оди́н или два ребёнка.

Молоды́е лю́ди в Росси́и же́нятся ра́но. Они́ рабо́тают в **комме́рческих структу́рах** или на госуда́рственных предприя́тиях. Одна́ко **зарпла́та** ма́ленькая, ча́сто не **хвата́ет** де́нег, и ну́жно зараба́тывать де́ньги на второ́й рабо́те. Поэ́тому в **бу́дние** дни **остаётся** ма́ло вре́мени на дом и семью́.

2.
Как прово́дит бу́дни росси́йская семья́?

Семья́ встаёт ра́но. Снача́ла встаёт обы́чно ма́ма; она́ гото́вит за́втрак. Пото́м роди́тели е́дут на рабо́ту, а де́ти иду́т в шко́лу или в де́тский сад.

В больши́х города́х до ме́ста рабо́ты о́чень далеко́, **це́лый** час или да́же **бо́льше**. Обы́чно лю́ди е́здят на рабо́ту на **обще́ственном** тра́нспорте.
Рабо́чий день конча́ется в пять-шесть часо́в, а магази́ны закрыва́ются в во́семь-де́вять часо́в ве́чера.

Хорошо, что магазины закрываются так **поздно**. После работы можно ещё купить всё, что нужно для дома. Обычно работают **óба**: муж и жена. И счастье для молодой семьи, если есть бабушка, которая живёт в семье или недалеко от дома. Бабушка обычно готовит обед, убирает квартиру, **смóтрит за детьми́**.

Вечером собира́ется вся семья. За ужином разгова́ривают о новостя́х. После ужина дети **садя́тся** за компьютер, слушают музыку или читают. Родители смотрят новости или любимый **сериа́л** по телевизору, читают газеты, книги. Русские много читают, особенно детекти́вы и фанта́стику, а также классическую литературу.

Сейчас не так часто можно увидеть на улицах женщин с тяжёлыми **су́мками**. Муж и жена покупают **проду́кты** вместе. **Фру́кты** и **о́вощи** они покупают на **ры́нке**, а другие продукты в магазинах. Нередко муж помогает и по дому.

И, **наконе́ц**, **выходны́е**. Все рады: можно **отдохну́ть**!

1. Ответьте на вопросы к первой части текста:

1. Где обычно живёт городска́я российская семья?
2. Как поколе́ния жили раньше?
3. Почему сейчас ситуация меняется?
4. Почему семья часто небольшая?
5. Когда молодые люди женятся в России?
6. Где они работают?
7. Что они делают, если не хвата́ет денег?

2. Правильно или неправильно?
Kommentieren Sie Ihre Entscheidung mit den Ihnen bekannten Wendungen zur Meinungsäußerung:

1. Российская семья живёт в маленькой квартире.
2. Бабушка, дедушка, родители и дети обычно живут вместе.
3. Молодые люди могут найти квартиру и жить отдельно.
4. Русская семья большая: 7-8 человек.
5. Молодые люди в России женятся рано.
6. Родители хорошо зарабатывают, зарплата большая.

3. Ответьте на вопросы ко второй части текста:

1. Как начинается день в российской семье?
2. Как люди обычно ездят на работу?
3. Когда кончается рабочий день?
4. Когда закрываются магазины?
5. Что делает бабушка, если работают оба, муж и жена?
6. Как семья проводит вечер?
7. Кто покупает продукты?
8. Где покупают продукты?
9. Почему все рады в субботу?

4. Дополните:

1. Семья встаёт рано. Сначала ....; она ....
   ....
2. В больших городах ....
   ....
3. Обычно люди ....
4. Рабочий день ...., а магазины ....
   ....
5. После работы ....
6. Счастье для молодой семьи, если есть ....
   ....
7. Вечером ....
8. За ужином ....
9. После ужина ....
   ...
10. Русские много читают, ...
11. Муж и жена покупают ....

5. Подготовьте рассказ на тему „Будни в Германии": расскажите, как проводит будний день немецкая семья.

6. Кто знает эту ситуацию?

Вера и Максим живут в небольшой квартире. Он врач, а его жена – учительница. Они молодые люди и живут здесь только два года. Максим всегда говорит, что он современный муж.
Сегодня он говорит:
– Вéрочка, я знаю, что должен помогать тебе. Ты работаешь, а вечером ещё читаешь сочинения учеников. В пятницу я приготовлю ужин. Хорошо?
– Конечно, хорошо.
– Тебе только надо купить мясо и рыбу.
– Что ещё?
– Ну, ещё овощи, фрукты, хлеб ...
– Хорошо.
Утром в пятницу они поехали на работу. Вечером Вера приехала домой и пошла в магазин. Когда Максим приехал домой, она уже всё купила: овощи, фрукты, мясо, рыбу.
– Ну, всё купила? – спросил он. – Хорошо. Когда приготовишь мясо, рыбу и фрукты, скажи мне. А я пока посмотрю по телевизору футбол.
Вера всё приготовила, а муж пришёл на кухню, положил всё в кастрюли и опять пошёл смотреть телевизор.
Когда они поужинали, Максим спросил:
– Ну, вкусный ужин я приготовил?

Продолжите разговор. Setzen Sie das Gespräch fort.

ученик – Schüler
сочинение – Aufsatz

овощи – Gemüse

кастрюля – Topf

С лёгким паром!

Русская **баня** была уже в XII веке. Сначала это был **языческий очистительный** культ, который со временем стал **привычкой**.
Не было ни одного города без общественных бань. В исторических документах мы находим **описание** и царской бани. В Москве, например, на улице Неглинной в 1806 г. артист Сандунов открыл бани, которые сейчас называются Сандуновскими и Сандунами.
Немецкий **путешественник** Олеарий писал, что в XVII веке русские в Лжедмитрии (falscher Dmitrij) иностранца узнали, потому что он баню не любил. Олеарий также писал, что в России **принято** угощать гостя баней, как **хлебом—солью**.
Баню любили и любят. О ней говорят: „Когда бы не баня, все бы **пропали**!". Русская баня характеризуется **паром** (температура: **приблизительно** 80 **градусов**). Другой **вид** бани — финская или сауна: в ней **сухой воздух** до 90 градусов.
Баню обычно строили на берегу реки или озера. Главное **помещение** в бане — **парилка**, с **печкой**, на которой лежат горячие **камни**. Если эти камни **обливаются** водой, а ещё лучше — квасом, они дают пар. Трудно сидеть в парилке больше нескольких минут. Тогда можно услышать: „Баня без пара — что щи без **навара**!" или „В бане **веник** дороже денег."

Там выходят болезни из организма. А если после этого **прыгнуть** в снег или в бассейн с водой, то вы уже **никогда** не сможете **отказаться** от русской бани. С лёгким паром!

1. Дополните:

– Русская баня существовала уже ....

– Сначала это был ....

– В России принято угощать гостя ....

– Русская баня характеризуется ....

– Главное помещение в бане – ....

– Трудно сидеть в парилке ....

– Выходят болезни ....

– Никогда не сможете отказаться ....

2. Поговорки. Merken Sie sich:

„Когда бы . . . . пропали."

„Баня без . . . . навара."

„В бане веник . . . ."

3. Какая разница (Unterschied) между финской сауной и русской баней?

4. Скажите, что Вы берёте с собой, когда идёте в баню или сауну?

5. Ваш знакомый / Ваша знакомая пригласил(а) Вас пойти в баню. О чём Вы его/её спросите?

Мы были в России

Группа молодых немцев была в Москве и Волгограде. Многие из них уже были в России, другие были там в первый раз. Они рассказали:

Александр (... уже был в России...)
„Россия для меня — это страна контрастов. Особенно Москва: архитектура сталинского времени рядом с архитектурой начала века, красивые здания и церкви, прекрасные памятники культуры в центре города. И недалеко от центра **огромные** районы с некрасивыми многоэтажными **жилыми** домами.
Россия — это огромные города и маленькие деревни, это **бедность** и **богатство**, **неприветливость** и гостеприимство."

Забине (... первый раз в России...)
„Эта поездка **произвела** на меня огромное **впечатление**. Нам трудно **представить** себе эти огромные **расстояния**! От Москвы до Волгограда мы летели **полтора** часа. Это почти **такое же** расстояние, как между Берлином и Парижем."

Франк (...первый раз в России...)
„Большое впечатление произвела на меня панорама Сталинградской **битвы**. Мы в группе много говорили о войне. Раньше я не интересовался этой темой. После **посещения** Волгограда и его памятников, которые рассказывают об этой войне, многие из нас начали больше думать о **прошлом** и будущем России и Германии. Мы ещё лучше поняли, как нужен людям мир."

Катрин (...первый раз была в России...)
„Интересным для меня было посещение русской семьи.
Быть гостем в русской семье и трудно и приятно. Трудно, потому что нас всё время угощали. А приятно, потому что каждый человек в семье **старался** сделать всё для нас."

Элен (...несколько раз была в России...)
„В Москве на меня произвели большое впечатление **лица** людей. Я часто видела **усталые** лица. В Волгограде мы долго разговаривали с нашими русскими знакомыми о России и Германии. У русских сейчас много проблем и трудностей, **отсюда усталость**. А дома, с гостями, они добрые, приветливые, гостеприимные.

1. Правильно или неправильно?

— Для Катрин интересным было посещение русской семьи.
— На Франка большое впечатление произвела панорама Сталинградской битвы.
— На Забине особенно большое впечатление произвели расстояния в России.
— Александр говорит, что от Москвы до Волгограда они летели полчаса.
— Элен говорит: „Россия — это страна контрастов."
— Катрин считает, что быть в гостях у русских — очень трудно.

2. Объясните,

— почему Александр считает, что Россия страна контрастов;
— почему Франк начал думать о прошлом и будущем Германии и России;
— почему теперь у русских много проблем и трудностей.

3. Расскажите, что произвело большое впечатление на ребят в поездке в Москву и Волгоград. Начните так: На Забине большое впечатление произвели огромные расстояния в России. Она рассказывает, что . . .

4. Расскажите о том, какие у Вас впечатления о России.

Ресторан / Столовая

1. **Заказ** стола́ по телефону: **администра́тор** и **посети́тель** ресторана.

- Слушаю.
- Здравствуйте. Это ресторан „Суво́ровъ?
- Да.
- Можно у вас **заказа́ть** сто́лик?
- Конечно. На сколько человек?
- На восемь.
- Как ваша фамилия?
- Кузнецо́в.
- На когда?
- На завтра, на 8 часов.
- Повторяю: завтра, 8 часов.
- Всё правильно. Спасибо.

2. *В ресторане:* **официа́нтка** *и посетитель.*

- Здравствуйте. Моя фамилия Кузнецов. Я вчера заказал столик.
- Проходи́те, пожалуйста. Ваш столик слева у окна.
- Вот **меню**. Вы уже **вы́брали**?
- Да. На заку́ску **икру́** и **ры́бное ассорти́**.
- Что вы возьмёте **на пе́рвое**?
- Мне **борщ**, а моей жене **щи**.
- А **на второ́е**?
- Возьмём **осетри́ну** в **со́усе**.
- С **карто́шкой**?
- Хорошо, с карто́шкой.
- Что вы будете пить?
- **Принеси́те**, пожалуйста, **минера́льную во́ду** и 50 грамм **коньяка́**.
- А какой коньяк?
- **Грузи́нский**.

- Грузинского у нас нет. Могу **предложи́ть испа́нский**.
- Тогда принесите нам 50 грамм, пожалуйста.
- А на **десе́рт**?
- **Моро́женое** с фру́ктами.
- Это всё?
- Всё. Да, принесите нам, пожалуйста, **пе́пельницу**.

3.
- Девушка, **бу́дьте добры́**, принесите нам **счёт**!
- Пожалуйста, 540 рублей.
- Вот вам 550 рублей. **Сда́чи** не надо.
- Спасибо.

Ресторан „Суворовъ"	
СЧЁТ	
Закуски	139 руб.
Супы	54 руб.
Вторые блюда	220 руб.
Десерт	50 руб.
Напитки	77 руб.
	540 руб.

4. *В ресторане: посетитель и официантка*
- Скажите, пожалуйста, этот сто́лик свобо́ден?
- Нет, он уже **зака́зан**. Там есть ещё два ме́ста, сле́ва у вхо́да.
- Может быть, там будет хо́лодно и **шу́мно**. А мы хотим **поговори́ть**.
- Тогда **подожди́те** немного.
- Хорошо.

5.

Официант:	Добрый день, вот меню́.
Гость А:	Ну, что будем зака́зывать?
Гость Б:	Я думаю, на заку́ску салат. Посмотри, что есть ещё из холо́дных заку́сок?
Гость А:	Салат из **све́жих овоще́й**, икра́, **мясно́е** ассорти́.
Гость Б:	Я возьму́ салат. А ты?
Гость А:	Я – икру.
Гость Б:	А горя́чее?

Гость А:	Есть **котле́ты** с **ри́сом**. Я возьму котлеты с рисом.
Гость Б:	Я тоже люблю котлеты с рисом.
Официант:	Вы уже вы́брали?
Гость А:	Да, один салат „Столи́чный", одну́ **по́рцию** икры. Котлеты с рисом и моро́женое на десерт. Две по́рции, пожалуйста.
Гость Б:	И две **ча́шки** кофе.

6.

Официант:	Вот меню.
Борис:	Что вы можете **порекомендова́ть**?
Официант:	**Попро́буйте пельме́ни**. Это наше **фи́рменное блю́до**. Что вы будете пить?
Борис:	Я – красное вино.
Соня:	А я – белое вино.
Борис:	Бу́дьте добры́, принесите пе́пельницу, пожалуйста.
Официант:	Уже вы́брали?
Борис	Да, мне принесите, пожалуйста, салат, потом суп, а на второе пельме́ни.
Соня:	А мне, пожалуйста, только салат. Я на **дие́те**.
Официант:	Приятного **аппети́та**!
Борис:	Соня, вы́пьем за встречу! . . . . Приятного аппетита. Ну, как салат, вкусный?
Соня:	Очень вкусный. А тебе нравятся пельмени?
Борис:	Да, очень. Соня, передай мне, пожалуйста, **горчи́цу**, **соль**, **пе́рец**.
Официант:	Хотите ещё моро́женого на десерт?
Соня:	Нет, мне, пожалуйста, только минера́льную во́ду.

Борис:	Всё было очень вкусно, но нам пора идти.
Соня:	Минуточку, Борис, мы должны́ ещё **заплати́ть**.
Борис:	Да, конечно, я **чуть не забы́л**. Молодой человек, счёт, пожалуйста!
Официант:	Вот счёт. С Вас 240 рублей.
Борис:	Пожалуйста, сдачи не надо.

7. *В столово́й*

- Здесь **самообслу́живание**. Возьми́, пожалуйста, **подно́сы, таре́лки** и **салфе́тки**, а я возьму **стака́ны, ло́жки, ви́лки,** и **ножи́**.
- О, сегодня салат из **огурцо́в**! Я люблю огурцы́.
- Я тоже возьму салат.
- Суп будешь брать?
- Суп? Не люблю супы́. Не буду.
- А я возьму **бульо́н** с **яйцо́м**.
  Что сегодня на второе?
- **Жа́реная** рыба.
- А я возьму **шашлы́к** из **бара́нины**.
- А на десерт?
- Возьму **компо́т**.

8. *Kommentieren Sie:*

9. *Absolvieren Sie mit Hilfe des computergestützten Programms „Bildwörterbuch" die Situationen „Im Restaurant" und „In der Bar". Hören Sie die russischen Bezeichnungen für die dargestellten Personen und Gegenstände. Notieren Sie zu jeder der beiden Situationen mindestens 10 Wörter.*

10. На банкéте

Мéнеджеры немецкой фирмы „Машиненбау АГ", Клаус Мюллер и Вальтер Шмидт, на **переговóрах** в Москвé. В концé переговóров дирéктор рýсской фирмы, Виктор Сергéевич Кóтов, и его **заместитель**, Игорь Петрóвич Кузнецóв, приглашают немецких **партнёров** на ужин в ресторáн. Они **даю́т** банкéт для **представителей** фирмы „Машиненбау АГ". В семь часóв Кóтов, Кузнецóв, Мюллер и Шмидт встречáются в ресторáне.

Кóтов:	Добрый вéчер. Я заказáл вот этот столик. Прошу́ Вас.
Мюллер:	Здесь очень ую́тно, мне нрáвится.
Котов:	Вот и хорошо. Садитесь, пожáлуйста. Закýски я заказáл на свой **вкус**: **маринóванные** грибы́, салáт, икрá. А горя́чее мы закáжем сейчáс: кому что нрáвится. Вот меню́.
Мюллер:	Я очень люблю́ **блины́**.
Шмидт:	А я больше люблю́ рыбу.
Кóтов:	Закáжем жáреную осетрину.

Когда официáнт налил вино, Котов предложил тост.

Кóтов:	Господá, мы собрались здесь по **пóводу успéшного завершéния** наших переговоров. Предлагáю тост за успéшное **сотрýдничество**!
Мюллер:	За хорошую **перспективу**!

Закажите закуску, первое, второе и напиток:

КАФЕ РОССИЯ

ХОЛОДНЫЕ ЗАКУСКИ

Ассорти мясное	75 гр.	32 руб.
(язык, буженица, колбаса сырокопчёная)		
Салат „Нежность"	150 гр.	28 руб.
(кура, огурец свежий, яйцо, майонез)		
Салат „Коктейль с ветчиной"	150 гр.	23 руб.
(помидоры, огурцы свежие, ветчина, кукуруза, масло раст-ное)		
Салат „Мясной"	150 гр.	22 руб.
(говядина, картофель, огурцы солёные, яйцо, майонез)		
Помидоры фаршированные	150 гр.	14 руб.
(помидоры, сыр, майонез, чеснок)		
Сельдь по-венгерски	110 гр.	12 руб.
(сельдь, лук маринованный, масло растительное)		
Салат из огурцов и помидоров	150 гр.	10 руб.
(помидоры, огурцы, лук репчатый, сметана)		
Яйцо под майонезом	150 гр.	9 руб.
(яйцо, майонез, зелёный горошек, солёный огурец)		
Свёкла с чесноком и сыром	150 гр.	8 руб.
(свёкла, сыр, чеснок, майонез)		
Салат из свежей капусты	150 гр.	6 руб.
(капуста свежая, морковь, масло растительное)		

ПЕРВЫЕ БЛЮДА

Солянка мясная	500 гр.	38 руб.
(говядина, почки, колбаса, огурцы солёные, маслины, лимон, сметана, бульон, томатная паста)		
Похлёбка в горшочке	500 гр.	36 руб.
(говядина, грибы, картофель, морковь, лук, бульон)		
Суп лапша	500 гр.	27 руб.
(кура, лапша, морковь, лук, бульон куринный)		
Бульон с яйцом	500 гр.	8 руб.

ВТОРЫЕ БЛЮДА

Жаркое в горшочке с грибами	100/190 гр.	60 руб.
(свинина, картофель фри, лук репчатый, грибы, сметана)		
Жаркое в горшочке	100/200 гр.	55 руб.
(свинина, картофель фри, лук репчатый, соус, сметана)		
Цыплёнок-табака	200/50 гр.	56 руб.
(цыплёнок, соус)		
Чахохбили	150/50/25 гр.	52 руб.
(цыплёнок, соус, орехи грецкие, лук)		

КАФЕ РОССИЯ

НАПИТКИ

Сок натуральный (апельсин, персик, томат, и др.)	200 гр.	8 руб.
Спрайт, Кока-кола, Тоник, Фанта	200 гр.	4 руб.
Вода минеральная (некрасовская, углическая)	200 гр.	2 руб.
Коктейль с пломбиром	210 гр.	12 руб.
(Пломбир 50 гр., сок натуральный 150 гр., шоколад 10 гр.)		
Пломбир с шоколадом	100/10 гр.	10 руб.
Фрукты (апельсин, яблоко)	100 гр.	6 руб.
Пиво „Янтарное", „Оригинальное", „Крепкое" „Ледяное", „Элитное"	бут. 0,5 л.	15 руб.
Пиво „Бавария" б/алк.	0,33 л.	30 руб.
Кофе по-восточному	100 гр.	5 руб.
Чай с сахаром	180 гр.	4 руб.
Лимон с сахаром	120 гр.	10 руб.

Im Wörterverzeichnis zur 2. Lektion finden Sie weitere Speisen und Getränke sowie deren Übersetzung; wählen Sie einige der genannten russischen Bezeichnungen aus, Verwenden Sie diese in den Dialogen auf S. 81 – 84.

Typische Formulierungen im Restaurant

а) гости

- Я хочу заказать стол(ик), на (завтра), на (8 часов), на (5 человек).
- Извините, этот столик свобо́ден/за́нят?
- Дайте, пожалуйста, меню.
- Мы ещё не вы́брали.
- Что Вы можете порекомендова́ть?
- Я возьму на заку́ску . . . /на первое . . . /на второе . . .
- На десерт я хочу . . .
- Маленькую/большую по́рцию, пожалуйста.
- Принеси́те, пожалуйста, ещё один нож/стака́н/одну́ ло́жку/ви́лку /салфе́тку.
- Это (не) вкусно./Было очень вкусно.
- Счёт, пожалуйста.
- Сколько мы Вам должны́?
- Вот Вам . . . . Сдачи не надо.

б) официант

- Вы уже вы́брали?
- Что Вы возьмёте на закуску/на первое/на второе/на десерт?
- Вы будете плати́ть вме́сте или отде́льно?
- С Вас . . . рубле́й.

1. Соста́вьте диалог:

Bitten Sie den Kellner um die Speisekarte.
Официант: Вот меню.

Bestellen Sie zwei Vorspeisen und fragen Sie den Kellner, ob es Borschtsch ohne Fleisch gibt.
Официант: Нет. Но есть суп грибно́й без мяса.

Bestellen Sie zwei Gerichte von der Speisekarte als ersten Gang, eines davon für Vegetarier.
Официант: А на второе?

Bestellen Sie ein Gericht als Hauptgang von der Speisekarte. Fragen Sie dann, ob es ein Gericht ohne Fleisch gibt.
Официант: Есть омлет и рыба; рыба очень вкусная.

Wählen Sie.
Официант: А на десерт?

Bestellen Sie zwei Desserts und auch zwei Getränke.
Официант: Это всё?

Bitten Sie den Kellner, einen Aschenbecher zu bringen.
Официант: Одну минутку.

Verlangen Sie nach dem Essen die Rechnung.
Пожалуйста, 480 рублей.

Geben Sie 20 Rubel Trinkgeld, und verabschieden Sie sich.
Официант: До свидания.

2. Придумайте диалоги с официантом:

1. Вы спрашиваете официанта, и официант рекомендует блюдо.
2. Вы пришли в ресторан, у Вас мало времени и Вы хотите быстро пообедать и заплатить.
3. На столе не хватает салфетки, ножа, вилки, пепельницы и т.д.

3. Ответьте на вопросы:

1. Где Вы любите обедать – дома, в столовой или в ресторане? Почему?
2. Когда Вы последний раз были в кафе (столовой, ресторане)? Расскажите об этом.
3. Какая кухня (русская, францу́зская, италья́нская, кита́йская, мекси-ка́нская и т.д.) Вам нравится? Почему?
4. Какие блюда Вам нравятся больше: мясны́е, ры́бные или вегетариа́нские?
5. Какие блюда русской кухни Вы знаете, и какие блюда Вы любите?

Прочитайте рекламу:

Гид
по московским ресторанам и барам

Обломов – Интерьер старинной русской усадьбы. Блюда по традиционным русским рецептам. Ужин по типу шведского стола ($ 56): закуски, горячие блюда; десерты; 150 г водки / 200 г вина; безалкогольные напитки без ограничения. Ансамбль „Берёзка". Заказ мест обязателен. Открыто: с 19.00 до последнего гостя; Суб-Воскр с 17.00. Охраняемая стоянка. Ул. 1905 года, 2а. Т: 255-9290 (24 ч.). М: Улица 1905 года.

стари́нный – alt(ertümlich) / уса́дьба - Gut(shof) / шве́дский стол - (kaltes) Büfett / ограниче́ние – Begrenzung, Beschränkung / обя́зателен – obligatorisch / охраня́емая стоя́нка - bewachter Parkplatz

Дядя Ваня – Блюда: сёмга, пельмени, борщ, творожный торт. Цена: 450 руб. Завтрак 8.00-11.00. Бизнес-ланч 12.00-15.00, 128 руб. Французские, испанские, итальянские, грузинские вина. Суб-Воскр детское меню. Банкеты. Ансамбль „Балалайка" 20.00-23.00. Скидки 10% постоянным гостям. Открыто 24 ч. Парковка. Ул. Большая Дмитровка, 17. Т: 232-1448. М: Пушкинская.

сёмга – Lachs / творо́жный - Quark- / ски́дка - Rabatt / постоя́нный гость - Stammgast / парко́вка – Parkplatz

Русский дом пива – Бар-ресторан. Гриль. Блюда: шашлык, рыба в лимонном соке. Цена: 220 руб. Бизнес-ланч 12.00-17.00, 90 руб., включая пиво. Воскр-Втор скидка 10%, студентам 20%. Банкеты. Дискотека Пят-Воскр 20.00. Открыто 24 ч. Малый Гнездниковский переулок, 12/27. Т: 229-6688. М: Пушкинская.

включа́я – inklusive / переу́лок- Gasse, Nebenstraße / ски́дка – Rabatt

Якорь – Рыбный ресторан. Цена: $ 16-23. Французские вина. Джаз 20.00-23.00. Открыто: 12.00-24.00, Суб-Воскр с 17.00. „Шератон Палас Отель", 1-я Тверская-Ямская ул., 19. Т: 931-9700. М: Белорусская.

я́корь – Anker

Аппенцель - Пивной бар-ресторан немецкой кухни. 3 вида пива. Цена: $ 25. Бизнес-ланч до 16.00, $ 15. Ансамбль „Бавария" с 20.00. Банкеты. Открыто: 12.00–24.00. Смоленская пл., 5. Т: 725-0217/0218. М: Смоленская.

вид - Art

Пицца Хат — Итальянская фирменная пицца (16 видов). Блюда гриль готовятся при гостях. Цена: $ 11; банкеты $ 25-30. Джаз 19.00-23.00, Суб-Воскр с 14.00. Открыто: 12.00-24.00. Охраняемая стоянка. Смоленская пл., 3, Торговый центр „Смоленский пассаж". Т: 937-8100. М: Смоленская.

торго́вый — Handels-

Таверна „Греческий квартал" — Греческая кухня. Интерьер в древнегреческом стиле. Блюда: салат по-деревенски, ягнёнок и поросёнок на вертеле. Цена: 250 руб. Бизнес-ланч до 17.00, 120 руб. Греческие, испанские, французские, грузинские вина. Банкеты. Ансамбль греческой музыки „Арго": Втор-Суб 20.00-24.00. Суб, Воскр 14.00-18.00: клоуны, детское сладкое меню. Открыто с 12.00 до последнего гостя. Парковка. Ул. Часовая, 11/3. Т: 151-2600. М: Аэропорт.

древнегре́ческий – altgriechisch / по-дереве́нски - dörflich, ländlich / ягнёнок – Lamm / поросёнок – (Span)Ferkel / ве́ртел – (Brat)Spieß

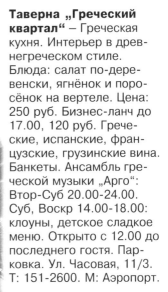

1. В какой ресторан Вы хотите пойти? Какой ресторан Вам нравится? Почему?

2. Пригласите коллегу/друга/подругу и т.д. в „Ваш любимый ресторан"; закажите столик в ресторане по телефону.

3. Расскажите Вашему гостю о „Вашем любимом ресторане".

а) Случай в ресторане:

1. Bringen Sie zunächst die vier Bilder in die korrekte Reihenfolge.
2. Erzählen Sie, was im Restaurant passiert (ку́рица – Hühnchen; жест – Geste: показывать же́стами).
3. Führen Sie einen Dialog zwischen Kellner und Gast.

б) После ресторана – собака и его хозяин:

III. Deklination (i-Deklination)

Rufen Sie sich folgende Sätze aus dem Text „Россияне вчера и сегодня" in Erinnerung:

- После **смéрти** Сталина началáсь **óттепель**.
- Мно́гим лю́дям нра́вилась э́та **жизнь**.
- Они́ стоя́ли в **о́череди** за дефици́том.

1. Außer den Ihnen bereits bekannten Deklinationstypen gibt es im Russischen noch die III. Deklination. Da bei dieser im Singular die Endung **-и** dominiert, heißt sie auch **i**-Deklination.

	Singular	**Plural**
Nom.	пло́щадь	пло́щади
Gen.	пло́щади	площадéй
Dat.	пло́щади	площадя́м
Akk.	пло́щадь	пло́щади
Instr.	пло́щадью	площадя́ми
Präp.	пло́щади	площадя́х

2. Alle Substantive der i-Deklination sind (mit einer einzigen Ausnahme, s. u. Punkt 4.) weiblich: Крáсн**ая** пло́щадь, эт**а** жизнь, вáжн**ая** но́вость.

3. Alle Substantive der i-Deklination enden im Nominativ Singular auf **-ь**. Häufig erkennen Sie die Substantive der i-Deklination am Suffix **-(н)ость**, das zur Bildung von abstrakten Begriffen dient und meistens den deutschen Suffixen **-heit** und **-keit** (Berühmtheit, Möglichkeit etc.) entspricht.

Beispiele:

глáсность	Öffentlichkeit, Offenheit, Transparenz
рáдость	Freude
возмо́жность	Möglichkeit
де́ятельность	Tätigkeit
болéзнь	Krankheit
вещь	Sache, Ding
дверь	Tür
жизнь	Leben
кровáть	Bett

ло́шадь	Pferd
любо́вь	Liebe
моде́ль	Modell
молодёжь	Jugend, die jungen Leute
ночь	Nacht
о́сень	Herbst
речь	Rede
роль	Rolle
связь	Beziehung, Verbindung, Zusammenhang
Сиби́рь	Sibirien
смерть	Tod
тетра́дь	Heft
це́рковь	Kirche
часть	Teil

RÜG S. 72

4. Ausnahme: **путь**

А каки́м **путём** Росси́я пойдёт да́льше?

Das Substantiv путь weist zwei Besonderheiten auf:
a) Путь ist das einzige **maskuline** Substantiv der III. Deklination.
b) Der Instrumental von путь lautet abweichend путём (Каким путём? Auf welchem Weg?).

Упражнения

1. Дополните:

1. Все знают Красн. . . площадь.
2. Красн. . . площадь находится в центре Москвы.
3. Туристы, которые стоят на Красн. . . площад. . ., не знают, что раньше в русском языке „красный" означало не цвет: **кра́сное** означало **краси́вое**. То есть, Красн. . . площадь – это красив. . . площадь.
4. Рядом с Красн. . . площад. . . находятся Кремль, Исторический музей, ГУМ (Государственный универсальный магазин).
5. От Красн. . . площад. . . до Манежн. . . площад. . . только триста метров.

6. Между Манежн... площад... и Театральн... площад... находится гостиница „Москва".
7. Туристы, которые идут к Театральн... площад..., видят там три театра: Большой театр, Малый театр и Детский театр.
8. Но мы не будем много говорить о площад... Москвы, приезжайте в Москву – и Вы сами увидите Красн... площадь, Театральную, Манежную и ещё много других площад.....

2. Вставьте слова в правильной форме:

1. Забине интересуется .... (жизнь) в России.
2. Летом она ездила в .... (Сибирь).
3. Она две недели путешествовала по .... (Сибирь).
4. Она видела горы, реки, леса, деревни, города .... (Сибирь).
5. Она познакомилась с .... (жизнь) людей в .... (Сибирь).
6. Забине много узнала о .... (жизнь) в .... (Сибирь), о её природе и её проблемах.

3. Вставьте слова в правильной форме:
Beachten Sie, ob eine Singular- oder Pluralform erforderlich ist.

1. Во время поездки по Москве немецкие туристы были в разных .... (часть) города.
2. Они познакомились с Красной .... (площадь).
3. Рядом с небольшой .... (церковь) они обедали в ресторане. Там они познакомились с русскими студентами.
4. Русские студенты интересовались .... (жизнь) в Германии.
5. Немецким туристам тоже было интересно разговаривать с ними. Они интересовались .... (роль) молодёжи в России и .... (трудность) перехода к рыночной экономике.

4. Viele der Substantive mit dem Suffix -(н)ость können Sie verstehen, ohne im Wörterbuch nachzuschauen, da Sie bereits zahlreiche Adjektive kennen, von denen diese Substantive abgeleitet sind, z.B.:

новость ⇨ **нов**ый: neu ⇨ Neuigkeit

Versuchen Sie, auf die gleiche Weise die Bedeutung der folgenden Substantive zu erschließen. Dieser Weg der Bedeutungserschließung wird für Sie bei der Lektüre von Texten hilfreich sein.

популярный	популя́рность
известный	изве́стность
регулярный	регуля́рность
специальный	специа́льность
национальный	национа́льность
серьёзный	серьёзность
старый	ста́рость
молодой	мо́лодость
трудный	тру́дность
лёгкий	лёгкость
важный	ва́жность
правильный	пра́вильность
самостоятельный	самостоя́тельность
любезный	любе́зность
скорый	ско́рость
опасный	опа́сность
особенный	осо́бенность
бедный	бе́дность
действительный	действи́тельность
личный	ли́чность
близкий	бли́зость

Verneinende Adverbien und Pronomen

Когда Вы были в Москве?	– Я **никогда́ не** был(а) в Москве.
Куда Вы ходили в воскресенье?	– Я **никуда́ не** ходил в воскресенье.
Кого Вы знаете в Москве?	– Я **никого́ не** знаю в Москве.
С кем Вы говорили по телефону?	– Я **ни с кем не** говорил(а) по телефону.
Что Вы делали вчера вечером?	– Я **ничего́ не** делал(а) вчера вечером.

Aus Fragewörtern werden durch Hinzufügen von **ни-** verneinende Adverbien bzw. verneinende Pronomen:

когда	→	никогда́
где	→	нигде́
куда	→	никуда́
кто	→	никто́
что	→	ничто́

RÜG S. 144

Никто́ und ничто́ werden wie кто, что dekliniert.
Tritt eine **Präposition** hinzu, wird sie **zwischen** ни und Pronomen ein-geschoben:

никто́		ничто́	
никого́	ни у кого́	ничего́;	ни от чего́
никому́	ни к кому́	ничему́;	ни к чему́
никого	ни за кого́	ничего́	
нике́м	ни с кем	ниче́м;	ни с чем
	ни о ком		ни о чём

✎ Doppelte Verneinung!

In Sätzen mit einem verneinenden Adverb bzw. mit einem verneinenden Pronomen muss das Prädikat zusätzlich durch **не** verneint werden:

Я **ничего́ не** знаю.
Я **ни с кем не** говорила.
Я **никуда́ не** ходил.

Упражнения

1. Ответьте на вопросы отрицáтельно (verneinend):

1. Чем Вы занимаетесь в свободное время?
2. Когда Вы были на Кавказе?
3. Куда Вы поедете сегодня вечером?
4. Где Вы были вчера вечером?
5. Кого Вы любите?
6. С кем Вы говорите о футболе?
7. У кого Вы были вчера?
8. К кому Вы пойдёте завтра утром?
9. Что Вы делали в субботу?
10. Кому Вы написали e-mail?
11. Кто был на вечеринке (Party)?
12. Что Вы читали в интернете?
13. Кого Вы видели в парке?
14. О ком Вы говорили с директором?
15. О чём Вы говорили с президентом?

ТОЛЬКО НИКОМУ НЕ ГОВОРИ!

2. Verneinen Sie die folgenden Aussagen:

Muster: **Все** гуляли в садý. ⇨ **Никтó не** гулял в саду.

1. Он **всё** знает.
2. В этот вечер **все** смотрели телевизор.
3. **Все** играли в шáхматы.
4. Она **всё** написала.
5. Она **всё** купила.

3. Fügen Sie in den Dialog passende Negativpronomen bzw. -adverbien ein:

Как ты провёл выходные дни?

— Привет, Курт, что ты делал в субботу и в воскресенье?
— .... *Ничего* .... не делал.
— Как же так! Погода была хорошая; ты не ездил на дачу?
— Нет, я .... *никуда/ни к кому* .... не ездил.
— А ты говорил по телефону с Тамарой?
— Нет, я *ни с кем* ..... не говорил.
— А где ты был в субботу вечером? Когда я тебе звонил, ... *никого* .... не было дома.

Verneinende Adverbien und Pronomen

— Нет, я был дома. Я слушал музыку, может быть не слышал телефон.
— А в воскресенье вечером ты был на вечеринке (Party) у Игоря?
— Нет, я . . . . *никуда* . . . . не ходил.
— А ты читал книгу, которую я дал тебе в пятницу?
— Нет, я . . . *ничего* . . . . . не читал.
— Ты что?! . . . *ничем* . . . . не занимался? Как скучно!
— Нет, я всю субботу и всё воскресенье занимался русской грамматикой: нигде́, никуда́, никто́... Боже (mein Gott!), как я устал!

5. *Drücken Sie in russischer Sprache aus, dass Sie*

- nirgends waren,
- sich mit niemandem getroffen haben,
- nichts getan haben,
- mit niemandem gesprochen haben,
- nichts und niemanden gesehen haben.

Die Possessivpronomen свой – его, её, их

Vergleichen Sie:

а) Игорь надéл (hat angezogen) <u>своё</u> пальто.

б) У Игоря есть брат. Он надéл <u>его</u> пальто.

(=пальто брата)

Свой bezieht sich auf das *Subjekt desselben Satzes*.
Его, её, их beziehen sich nicht auf das Subjekt desselben Satzes.

Lesen Sie die folgenden Sätze. Achten Sie dabei auf die logische Struktur der jeweiligen Besitzverhältnisse: Wer ist „Besitzer", wer ist „Subjekt" des Satzes?

1а)   Надя читает свою книгу.   (... это книга Нади!)
1б)   Оля читает её книгу.   (... это книга Нади!)

2а)   Москвичи любят свой город. (... то есть Москву!)
2б)   Туристы тоже любят их город. (... то есть Москву!)

Außer den Ihnen bereits bekannten (unveränderlichen) Possessivpronomen der 3. Pers. (его, её, их) gibt es auch das Possessivpronomen свой, das wie ein Adjektiv mit dem Substantiv übereinstimmt, auf das es sich bezieht.

Possessivpronomen

	Singular			Plural
Nom.	свой	своё	свояˊ	свои́
Gen.	своего́	своего́	свое́й	свои́х
Dat.	своему́	своему́	свое́й	свои́м
Akk.	свой / своего	своё	свою́	свои́ / свои́х
Instr.	свои́м	свои́м	свое́й	свои́ми
Präp.	о своём	о своём	о свое́й	о свои́х

Сергей любит свою жену. = seine (eigene) Frau
Наташа пишет своей ручкой. = mit ihrem (eigenen) Kugelschreiber.

RÜG S. 124 - 127

✎ Da sich свой auf das Subjekt *bezieht*, dürfen Sie es also nicht als Bestandteil des Subjekts verwenden:

Там стоят родители и их сын Вася.

Это его родители.

Упражнения

1. Vervollständigen Sie. Fügen Sie jeweils auch die richtige Form von свой ein.

а)

Курт — немецкий журналист; он работает в Москве, и у него есть русская подруга. Вчера Курт был в гостях у . . . . (русская подруга). Сегодня утром он позвонил . . . . (русская подруга) и пригласил . . . . (русская подруга) на концерт. Сейчас он едет со . . . . (русская подруга) в концертный зал. Он весь день думал о . . . . (русская подруга).

б)

Моника — немецкий менеджер; она работает в Самаре, у неё есть русский друг. Вчера Моника была в гостях у . . . . (русский друг). Сегодня утром она позвонила . . . . (русский друг) и пригласила . . . . (русский друг) на ужин. Сейчас она едет в ресторан со . . . . (русский друг). Она весь день думала о . . . . (русский друг).

в)

Отто — немецкий банкир; он работает в филиале немецкого банка в Москве, и у него есть русские друзья. Вчера он был в гостях у . . . . (русские друзья). Сегодня утром он позвонил . . . . (русские друзья) и пригласил . . . . (русские друзья) в театр. Сейчас Отто едет в театр со . . . . (русские друзья). Он всегда думает о . . . . (русские друзья), когда у него есть лишние билеты.

Possessivpronomen

2. Setzen Sie in die Lücken die entsprechenden Formen der Possessivpronomen его, её, их oder свой ein:

1. Это книга Сергея. Иван читает ......*его*...................... книгу.
2. Это книга Ивана. Иван читает ......*свою*...................... книгу.
3. Это сестра Юрия и Андрея. Пётр говорит с ......*их*............ сестрой.
4. Это сестра Петра. Пётр говорит со ......*своей*................ сестрой.
5. Это сестра Ирины. Олег любит ......*её*........................ сестру.
6. Это сестра Олега. Олег любит ......*свою*...................... сестру.
7. Это чемодан (Koffer) Лены. Алексей несёт (trägt) ......*её*.... чемодан.
8. Это чемодан Алексея. Алексей несёт ......*свой*................ чемодан.

3. Setzen Sie die erforderlichen Possessivpronomen ein.

1. Менеджер показал директору ......*свой*...................... новый проект.
2. Директору понравился ......*его*............................. проект.
3. Менеджер заинтересовал директора ......*своим*................ проектом.
4. Директор внимательно слушал ......*его*...................... анализ.
5. После ......*своего*...... анализа менеджер отвечал на вопросы директора.
6. Директор взял папку (Aktenmappe) у ......*своего*............ менеджера и ещё раз прочитал ......*его*...... анализ.
7. Он подумал, что ......*его*...... менеджер прекрасно знает ......*свою*...... специальность.

4. Дополните.
Achten Sie detektivisch genau auf die Informationen, die Sie den Klammern entnehmen können. (Als Hausaufgabe empfohlen.)

1. Иван очень мало рассказывает о .... жизни. (жизнь Ивана)
2. Поэтому знакомые Ивана почти ничего не знают о .... жизни.
3. Но вчера Иван рассказал .... другу (друг Ивана), что он влюбился в .... жену. (жена друга)

4. Когда .... друг (друг Ивана) узнал (erfuhr), что Иван влюбился в .... жену (жена друга), он сказал .... жене (жена Ивана):

5. Если Иван хочет жить с .... женой (жена друга) – пожалуйста, я не против!

6. Но тогда он должен уступить (abtreten) мне .... жену, то есть – Вас!

7. Всё хорошо, что хорошо кончается: Иван живёт сейчас с .... женой (жена друга), в .... квартире (квартира Ивана), надевает .... костюмы (костюмы Ивана) и .... галстуки. (галстуки друга)

8. А .... друг? (друг Ивана) Он влюбился в .... жену (жена Ивана), он целует (küsst) .... жену (жена Ивана). А когда Иван за границей, ... друг (друг Ивана) целует по понедельникам .... жену (жена Ивана), по вторникам – .... жену (жена друга) и так далее!

5. Переведите:

1. Я очень люблю свой дом. (= мой дом)
2. Я живу в своём доме уже пять лет. (= в моём доме)

 Achtung!
Bei Identität von Subjekt und „Besitzer" können die Formen von **свой** nicht nur für die 3. Pers. Sg. u. Pl. gebraucht werden, sondern (alternativ zu **мой, твой, наш, ваш**) auch für alle anderen Personen. Also:

Я люблю	свой (= мой)	город.
Ты любишь	свой (= твой)	город.
Он любит	свой	город.
Она любит	свой	город.
Мы любим	свой (= наш)	город.
Вы любите	свой (= ваш)	город.
Они любят	свой	город.

6. Переведите:

1. Вы получили e-mail от своей коллеги? – Да, моя коллега присла́ла (schickte) мне e-mail.
2. Я долго ждал своего сына, и, наконец, мой сын приехал.
3. В субботу я поеду на свою дачу. На моей даче можно хорошо отдохнуть.

7. Setzen Sie Possessivpronomen ein. Nutzen Sie überall, wo es möglich ist, die entsprechende Form von свой:

1. Это моя книга. Я уже прочитал .... книгу. Ты тоже хочешь прочитать .... книгу?
2. Это чемодан бабушки, а это моя сумка. Я несу .... чемодан и .... сумку.
3. Это моё место! Почему ты сидишь на .... месте? Там твоё место! Ты должен садиться на .... место.
4. Это моя газета! Почему ты читаешь .... газету? Там твоя газета. Ты должен читать .... газету.
5. Посмотрите, это наша дача. Мы приглашаем вас на .... дачу. Мы слышали, что у вас тоже красивая дача. Когда вы покажете нам .... дачу?
6. Это наш друг Иван. Вы уже познакомились с .... другом? – Нет. – Тогда мы познакомим вас с .... другом.
7. Это велосипед Игоря. Максим едет на .... велосипеде. Игорю не нравится, что Максим едет на .... велосипеде. У Максима тоже есть велосипед – он должен ехать на .... велосипеде.
8. Это Ира, подруга Владимира. Владимир танцует с .... подругой. Владимиру не нравится, когда Антон танцует с .... подругой.

9. Немецкий бизнесмен прилетел (mit dem Flugzeug ankommen) в Москву, к Сергею Петровичу. Сергей Петрович встречает .... коллегу в аэропорту.

8. *Schauen Sie sich kurz die Zeichnung an. Ergänzen Sie dann die Sätze auch unter Verwendung von Possessivpronomen.*

– Это молодой человек из .... и ...... коллега.
– Она слушает .... планы.
– Он думает, что можно интересно разговаривать с ....
  ....
– .... напитки вкусные.
– Кто заказал напитки: это .... дело или .... дело?
– А где сейчас .... другие коллеги?

Präpositionen zum Ausdruck von Richtungsangaben

Die folgenden Zeichnungen illustrieren einige wichtige Präpositionen, die Sie schon kennen. Versuchen Sie, selbst die Frage zu beantworten, wer auf diesen Zeichnungen wohin geht. Decken Sie dabei die rechte Spalte der Sätze zunächst ab.

Кто куда идёт?

1. Сергей   Иван

2.

3.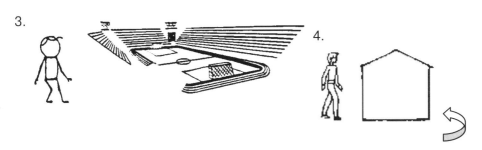

4.

1. Сергей идёт	**к** Ивану.
2. Антон идёт	**в** дом.
3. Валерий идёт	**на** стадион.
4. Володя идёт	**за** дом.

Auf die Fragen **Куда**? und **К кому**? können Sie also vor allem folgende Präpositionen gebrauchen:

Präposition	Fall	Grundbedeutung	Beispiel
к	Dativ	zu	Он идёт к другу.
в	Akkusativ	in; hinein	Он идёт в театр.
на	Akkusativ	auf	Он идёт на первый этаж.
за	Akkusativ	hinter	Он идёт за дом.

Beachten Sie, dass im Russischen die Präposition **на** (sowohl auf die Frage *Wo?* als auch auf die Frage *Wohin?*) in ihrem Gebrauch teilweise nicht der deutschen Präposition **auf** entspricht:

Он на стадионе.	Он едет на стадион.
Он на концерте.	Он идёт на концерт.
Они на вы́ставке.	Они идут на выставку.
Эльбру́с на Кавка́зе.	Альпинист едет на Кавказ.
Кабинет на первом этаже.	Мы идём на первый этаж.

Упражнения

1. Дополните.

1. Сергей каждый день ездит на .... (работа).
2. Сегодня он идёт к .... (врач).
3. А потом ему надо поехать в .... (центр города).
4. Летом Сергей хочет поехать за .... (граница[1]).
5. Его жена хочет поехать на .... (Украина).

2. Ответьте.

1. Куда Антон идёт сегодня вечером?   (концерт)
2. Куда Антон ходил вчера вечером?   (ресторан)
3. Куда Антон поедет летом?   (граница)
4. Куда он поедет в гости?   (старый друг)
5. Куда Антон пойдёт завтра утром?   (работа)

---

[1] Grenze; за грани́цей = im Ausland)

3. *Prägen Sie sich folgende Gegensatzpaare ein:*

Wohin?	**Куда?**	**Woher?**	**Откуда?**
к	+ Dativ	от	+ Genitiv
в	+ Akkusativ	из	+ Genitiv
на	+ Akkusativ	с	+ Genitiv
за	+ Akkusativ	из-за	+ Genitiv

Сергей возвращается (zurückkehren) **от** друга. **из** дома.

 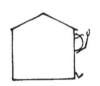

Он возвращается **со** стадиона. **из-за** дома.

Он едет в Москву.	Он возвращается	из Москвы.
Он едет на Урал.	- -	с Урала.
Он идёт к другу.	- -	от друга.
Он едет за границу.	- -	из–за границы.
Он идёт на улицу	- -	с улицы.

4. *Ответьте.*

1. Сергей идёт на работу? – Нет, он возвращается ....
2. Надя идёт в ресторан? ....
3. Путин едет за границу? ....
4. Володя едет на Кавказ? ....
5. Виктор идёт к врачу? ....

6. Вадим идёт на стадион? ....
7. Наташа едет на Украину? ....
8. Оля идёт в интернет-кафе? ....

5. Ergänzen Sie. Entscheiden Sie sich für die richtige Präposition und setzen Sie den in Klammern stehenden Ausdruck in den erforderlichen Kasus. Achten Sie bitte darauf, auf welche Frage (Где? Куда? Откуда?) der jeweilige Satz eine Antwort darstellt.

1. Утром Сергей едет .... (работа).
2. Вчера вечером он был .... (концерт).
3. Сегодня он пойдёт .... офис провайдера.
4. В 12 часов он вернулся .... (город) домой.
5. Сегодня вечером Сергей пойдёт .... (свой друг).
6. Летом Сергей поедет или .... (Кавказ), или
   .... (Одесса).
7. Сергей ещё никогда не был .... (граница).
8. А его жена часто ездит .... (граница).
9. Вчера, например, она вернулась .... (граница),
   то есть .... (Украина).
10. Она была там в гостях .... (родственники - Verwandte).

6. Fragen Sie, ob

- dieser Zug nach Moskau fährt,
- dieser Bus zum Flughafen fährt,
- diese Straßenbahn zum Bahnhof fährt,
- Sie heute zum Arzt gehen können,
- Ihr Kollege manchmal ins Ausland fährt,
- Ihr Chef schon aus dem Ausland zurück ist.

Gebrauch der Aspekte

Die Grundregeln des Aspekt-Gebrauchs haben Sie bereits in der 1. Lektion kennengelernt bzw. wiederholt und dabei einige wichtige Aspektpaare trainiert.
In den folgenden Übungen lernen Sie nun weitere wichtige Aspektpaare kennen und trainieren die Anwendung der Gebrauchsregeln.

1. *Vervollständigen Sie zunächst die folgende Tabelle. Tragen Sie die konjugierten Formen ein.*

unvollendeter Aspekt:			**vollendeter Aspekt:**	
встава́ть	я............................	встать	я............................	
	ты		ты	
сади́ться	я............................	сесть	я............................	
	ты		ты	
ложи́ться	я............................	лечь	я............................	
	ты		ты	
приходи́ть	я............................	прийти́	я............................	
	ты		ты	
уходи́ть	я............................	уйти́	я............................	
	ты		ты	
приезжа́ть (kommen)	я............................	прие́хать	я............................	
	ты		ты	
уезжа́ть (wegfahren)	я............................	уе́хать	я............................	
	ты		ты	
возвраща́ться (zurückkehren)	я............................	верну́ться	я............................	
	ты		ты	
начина́ть	я............................	нача́ть	я............................	
	ты		ты	
конча́ть	я............................	ко́нчить	я............................	
	ты		ты	
дава́ть	я............................	дать	я .... мы *дадим*	
	ты		ты .... вы *дадите*	
			он .... они *дадут*	

Lektion 2 – Alltag in Russland

есть	я .... мы	съесть	я .... мы	
	ты ...... вы		ты .... вы	
	он ...... они		он .... они	
пить	я.............................	вы́пить	я................................	
	ты............................		ты...............................	
помога́ть	я.............................	помо́чь	я................................	
	ты............................		ты...............................	
класть	я.............................	положи́ть	я................................	
	ты............................		ты...............................	
ста́вить	я.............................	поста́вить	я................................	
	ты............................		ты...............................	

2. Geben Sie zu folgenden Verben das Präteritum an:

прийти: он . . . ., она . . . ., они . . . . . .

сесть: он . . . ., она . . . ., они . . . . . .

нача́ть: он . . . ., она . . . ., они . . . . . .

есть: он . . . ., она . . . ., они . . . . . .

помо́чь: он . . . ., она . . . ., они . . . . . .

3. Setzen Sie die Verben in der jeweils erforderlichen Zeitform ein und wählen Sie dabei den richtigen Aspektpartner.

ложи́ться – лечь

1. Ка́ждый день я . . . . спать по́здно.

2. Вчера́ я . . . . спать о́чень ра́но, потому́ что пло́хо себя́ чу́вствовал.

3. Я ду́маю, что за́втра я . . . . спать по́здно, потому́ что у меня́ мно́го рабо́ты.

4. Когда́ у меня́ был о́тпуск, я обы́чно . . . . спать в 11 часо́в.

встава́ть – встать

1. Обы́чно я . . . . ра́но.

2. В прошлую субботу я .... поздно.
3. В следующую субботу я, наверное, опять ....
рано, потому что у меня будет много дел.
4. Когда у меня будет отпуск, я каждый день ....
в девять часов.

давать - дать

1. Вчера я встретил друга, и он .... мне новую компьютерную программу.
2. Когда мы встретимся в субботу, я тоже .... ему интересную программу.
3. Мы очень любим заниматься компьютером и всегда .... друг другу (einander) новые программы.

4. Erläutern Sie den Aspektgebrauch in den folgenden Sätzen.

1. Обычно Ольга **встаёт** в 7 часов. А вчера она **встала** уже в 6 часов, потому что у неё было много работы.
2. Ольга **встала**, **приготовила** завтрак для мужа и дочки и **пошла** на работу.
3. Обычно Ольга **кончает** работать в 5 часов, а вчера она **кончила** работать уже в три, потому что вечером у неё были гости.
4. По дороге домой она **купила** продукты в магазине и на вокзале **встретила** подругу из Новгорода.
5. Когда Ольга **вернулась** домой, она сразу **начала** готовить ужин.
6. Ольга **готовила** салат, суп и рыбу, и подруга **помогала** ей.
7. Когда муж, Сергей **вернулся** домой, Ольга уже **приготовила** ужин.
8. Все **сидели** за столом, **ели**, **пили** и **рассказывали**, что нового.
9. Когда они **ужинали**, вдруг **пришёл** ещё Игорь; он **опоздал**, потому что он **потерял** (verlieren) ключ от машины.

5. Setzen Sie die angegebenen Verben im Futur ein und wählen Sie dabei den erforderlichen Aspekt:

Скоро у Ольги и Сергея будет отпуск. У них есть маленькая дача за городом, и они в этом году .... (отдыхать/отдохнуть) там. Их дочка, Маша очень любит проводить каникулы на даче, потому что там есть река, собака, кошка и другие животные.

Каждый день они . . . . (вставать/встать) в девять часов , ... (завтракать/позавтракать), а потом Сергей . . . . (помогать/помочь) другу строить дачу или . . . . (работать/поработать) в огороде (Gemüsegarten).
Ольга . . . . (отдыхать/отдохнуть), ... (играть/сыграть) с Машей. Каждый день Сергей . . . . (ловить/поймать) рыбу, а Ольга . . . . (готовить/приготовить) ужин.
Маша . . . . (помогать/помочь) Ольге на кухне.
Они каждый вечер . . . . (есть/съесть) вкусную рыбу. Иногда Ольга и Сергей . . . . (встречаться/встретиться) с друзьями; они . . . .(рассказывать/рассказать) о детях, о новых фильмах и книгах, ... (показывать/показать) фотографии. Конечно, они также . . . . (пить/выпить) чай, кофе, пиво или водку. Будет очень весело. Каждый вечер они . . . . (ложиться/лечь) спать поздно.
Наконец отпуск, к сожалению, ... (кончаться/кончиться) и они . . . . (возвращаться/вернуться) домой.

6. Переведите.

1. Gestern lud ich meine Freunde ins Restaurant ein.
2. Ich reservierte einen Tisch.
3. Wir trafen uns bei mir zu Hause.
4. Dann gingen wir gemeinsam ins Restaurant.
5. Als wir ankamen, zeigte der Kellner uns unseren Tisch.
6. Der Tisch gefiel uns nicht, weil er an der Tür stand.
7. Wir setzten uns an einen anderen Tisch.
8. Wir schauten uns lange die Speisekarte an.
9. Schließlich entschieden alle, was sie essen und trinken möchten.
10. Mein Freund Igor arbeitete drei Monate in Deutschland.
11. Er erzählte den ganzen Abend von Deutschland.
12. Wir bestellten zuerst Wodka, dann Wein und Mineralwasser.

13. Alle bestellten eine Vorspeise und einen Hauptgang, aber nicht alle wollten eine Suppe.
14. Es war schon spät, und ich bat den Kellner, die Rechnung zu bringen.
15. Ich zahlte, und wir gingen nach Hause.

7. Что делают люди?

Wiederholung

1. Stellen Sie Wortfamilien zusammen.

Wurzel	-уч-	-работ-	-чит/чт-	-пис-
Handlung				
Person				
Merkmal				
Ort/Einricht.				

2. Erklären Sie die bedeutungsmäßigen Unterschiede.

1. — Мне 30 лет, а ему 25.
   — Мне 30 лет, и ему тоже 30.

2. — Мы пошли в театр, а они пошли в кино.
   — Мы пошли в театр, и они тоже пошли в театр.

4. — Эта книга интересная, и я её прочитаю.
   — Эта книга интересная, а та книга скучная.
   — Эта книга интересная, но у меня нет времени читать её.

5. — Вчера погода была хорошая, и мы гуляли.
   — Вчера погода была хорошая, а сегодня идёт дождь.
   — Вчера погода была хорошая, но мы не гуляли.

3. и, а oder но?

1. Это преподаватели . . . слушатели.
2. Здесь Владимир Иванович живёт . . . работает.
3. Володя гуляет, . . . Владимир работает.
4. Здесь строят больницу, . . . раньше здесь было кино.
5. Наш институт не большой, . . . современный.
6. Коллега работает в Бохуме, . . . часто бывает в Москве.
7. Максим не работает, . . . отдыхает.
8. Вера готовит ужин, . . . Максим смотрит телевизор.
9. Это интересная компьютерная программа, . . . она, к сожалению, не моя.

4. Nennen Sie alle Lebensmittel, die Sie auf der Zeichnung sehen. Sagen Sie, ob Sie diese mögen oder nicht.

5. Erkundigen Sie sich, wo sich etwas befindet.

– Вы не скáжете, где здесь вокзал?
– Здесь, недалеко.
(театр, интернет-кафе, офис провайдера, остановка троллейбуса, станция метро, стоя́нка такси, таксофон, парко́вка, аптека, столовая)

6. Erzählen Sie eine kleine Geschichte, die so endet:

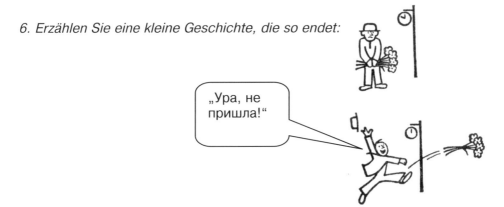

7. Дополните.

– Я *должна* купить хлеб и масло?
– Нет, только хлеб.

– Мы . . . . прочитать эту газету и этот журнал?
– Нет, только газету.

– Я . . . . приготовить ужин?
– Да, пожалуйста.

– Я . . . . пообедать в кафе?
– Нет, дома есть вкусный обед.

8. Trainieren Sie diese Situation am Telefon.

– Попроси́те, пожалуйста, *Ивана*.
– *Иван* вы́шел, позвони́те *ему* через час.
– Спасибо.

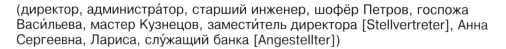

(дире́ктор, администра́тор, старший инженер, шофёр Петров, госпожа Васи́льева, мастер Кузнецов, замести́тель директора [Stellvertreter], Анна Сергеевна, Лариса, слу́жащий банка [Angestellter])

9. Gestalten Sie diese Situation.

– У меня очень болит . . . .

– Кака́я у Вас температура?

– Нормальная. Но чувствую себя . . . .

– Вам надо . . . . Не ходи́те на . . . .
    Че́рез три дня надо . . . .

– Благодарю́ Вас, ...

– До свидания.

10. Gestalten Sie ein situatives Gespräch. Versetzen Sie sich in die Rolle der beiden Personen.

11. Кого Вы видите? Чем они занимаются?
   a)

   b)

12. Какую погоду Вы (не) любите?

Wörterverzeichnis der Lektion 2

1. *Wörter ohne Kennzeichnung = Lernwortschatz, Wörter mit * = Ergänzungswortschatz*
2. *Mittlere Spalte: Hilfestellungen, Assoziationen, Hinweise auf bekannten Wortschatz (↪)*
3. *~ steht für das betreffende Wort der linken Spalte*

Россияне вчера и сегодня

бесплатный	↪ без / платить / плата ~ая квартира	kostenlos
более	~ свободно	mehr *(in Verbindung mit Adjektiven und Adverbien = Steigerungsform)*
будущее	↪ быть: буду, будешь в будущем	Zukunft
*дефицит		Defizit, Mangel; *hier:* Mangelware
желание	↪ желать	Wunsch
зарабатывать (uvo.), зарабатываю, зарабатываешь	↪ работать ~ деньги	verdienen

заработать (vo.),
  заработаю,
  заработаешь		

*застой	↪ стоять эпоха застоя	Stillstand, Stagnation
инициатива		Initiative
*курорт	на ~е	Kur-, Badeort
личный	↪ лицо говорить на личные темы	persönlich
*небезопасно	↪ без / опасно	nicht ungefährlich
образование	профессиональное ~	Bildung, Ausbildung
обслуживание	медицинское ~	Bedienung, Betreuung, Dienstleistung, Service
*оттепель (w.)	↪ тепло период оттепели	Tauwetter
очередь (w.)	стоять в очереди	Reihe, Schlange
переход	↪ пере(вести) / ходить ~ к рыночной экономике	Übergang

показывать (uvo.),
  показываю,
  показываешь
		zeigen

показать (vo.), покажу, покажешь		
*появляться (uvo.), появляюсь, появляешься		entstehen, aufkommen, auftreten
*появиться (vo.), появлюсь, появишься	появились новые русские	

путь (m.)	пути назад нет	Weg
предприятие	государственное ~	Unternehmen, Betrieb
россиянин; Mz.: россияне		Bewohner Russlands
рыночный	⇨ рынок	Markt-
	~ая экономика	
*самиздат	⇨ сам / из / дать	Samisdat („Selbstverlag")
	литература самиздата	
смерть (w.)	⇨ умереть	Tod
	после смерти Сталина	
создавать (uvo.),	~ частные предприятия	schaffen, gründen
создаю, создаёшь		
создать (vo.),		
создам, создашь		
стоять (uvo.),	~ в очереди	stehen
стою, стоишь		
трудность (w.)	⇨ трудно	Schwierigkeit
частный	~ -ое предприятие	privat

Будни в России

больше	два часа или ~	mehr
будни		Alltag
будний день	в будние дни	Werktag
выходные	⇨ выходить	(arbeits)freie Tage, Wochenende
дорога	по дороге домой	Weg
зарплата	⇨ заработная плата	Gehalt, Verdienst
	⇨ за / работа	
*коммерческая структура	работать в коммерческой структуре	„kommerzielle Struktur" (vom privaten Friseursalon oder Geschäft bis zum privaten Produktionsbetrieb)
меняться (uvo.),		sich ändern
меняюсь, меняешься		
наконец	⇨ конец	schließlich, endlich
оба (m./s.), обе (w.)	оба мальчика; обе девочки	beide
общественный	~ транспорт	öffentlich, gesellschaftlich
овощи, 2.F. Mz.: овощей		Gemüse
оставаться (uvo.),	остаётся мало времени	(übrig-, zurück-)bleiben
остаюсь, -ёшься		
остаться (vo.),		
останусь, останешься		
* отдельно	жить ~	einzeln, getrennt, für sich
отдохнуть (vo.),		sich erholen, ausruhen, entspannen
отдохну, отдохнёшь		
отдыхать (uvo.)		
поздно		spät
поколение	старшее ~	Generation

проду́кты		Lebensmittel
рабо́чий	⇨ рабо́та	Arbeits-; Arbeiter
	~ день	
ры́нок	покупа́ть проду́кты на ры́нке	Markt
сади́ться (uvo.), сажу́сь, сади́шься	~ за компью́тер	sich setzen
сесть (vo), ся́ду, ся́дешь; Verg.: сел, -а, -и		
*сериа́л	⇨ engl. serial	(Fernseh)Serie
*смотре́ть за детьми́		auf die Kinder aufpassen
су́мка		Tasche
фру́кты		Obst
хвата́ть (uvo.) (чего́) хвата́ет	не хвата́ет де́нег	ausreichen, langen
хвати́ть (vo.), хва́тит		
це́лый	~ день	ganz

С лёгким паром!

ба́ня		Sauna; Dampfbad
*ве́ник		Rute
вид	⇨ ви́деть	Art
во́здух		Luft
гра́дус		Grad
ка́мень (Mz.: ка́мни)	мно́го камне́й	Stein
*нава́р		Fett(augen)
никогда́	⇨ когда́	niemals
*облива́ть / обли́ть		übergießen; begießen
описа́ние	⇨ писать	Beschreibung
*отка́зываться (uvo.) *отказа́ться (vo.) -жу́сь; -жешься	~ от чего́	verzichten; ablehnen
*очисти́тельный	⇨ чи́стый	Reinigungs-
*пар		Dampf
*пари́лка	⇨ пар	Dampfraum
*пе́чка	на пе́чке	Ofen
помеще́ние	жило́е ~	Raum; Gebäude
приблизи́тельно		ungefähr, etwa
*привы́чка	по привы́чке	Gewohnheit
при́нято		üblich
*пропа́сть (vo.) пропаду́, –адёшь Verg.: пропа́л		umkommen; zugrunde gehen
*пры́гать (uvo.)		springen
*пры́гнуть (vo.) -ну; -нешь		

*путеше́ственник	➪ путь	Reisender
сухо́й		trocken
*хлеб–соль		Bewirtung; Gastfreundschaft
*язы́ческий	➪ язы́к	heidnisch

Мы бы́ли в Росси́и

*бе́дность (w.)	➪ бе́дный	Armut
*би́тва	~ под Москво́й	Schlacht; Kampf
*бога́тство	➪ бога́тый	Reichtum
жило́й	~ дом	Wohn-; bewohnt
лицо́ Mz.: ли́ца	на лице́	Gesicht
*неприве́тливость (w.)	➪ приве́т	Unfreundlichkeit
огро́мный		riesig; gewaltig
отсю́да		daher; hieraus
полтора́		anderthalb
посеще́ние		Besuch
(по)стара́ться (+ Inf.) -а́юсь; -а́ешься		sich bemühen
*представля́ть (uvo.) -ставля́ю, -ставля́ешь		(sich) vorstellen
*предста́вить (vo.) -ста́влю, -ста́вишь		
произвести́ впечатле́ние Verg.: ппоизвёл, произвела́		Eindruck machen
про́шлое	в про́шлом	Vergangenheit
расстоя́ние	➪ стоя́ть	Entfernung
тако́й же		ebensolch, gleich
*уста́лость (w.)		Müdigkeit

Диало́ги

администра́тор	~ рестора́на	Empfangschef
аппети́т	Прия́тного аппети́та!	Appetit
*ассорти́	мясно́е / ры́бное ~	kalte, gemischte Platte
*банке́т	на ~е	Bankett, Festessen
*бара́нина		Hammel-, Lammfleisch
*бифште́кс		Beefsteak
блин, Mz.: блины́		Pfannkuchen
блю́до	пе́рвое / второ́е ~	Gericht; Gang
борщ		Borschtsch
*бульо́н		Bouillon, Brühe
*вегетариа́нец/ *вегетариа́нка		Vegetarier/in
ви́лка		Gabel

вкус	на мой вкус	Geschmack
возмо́жность (w.)	⇨ мо́жно	Möglichkeit
второ́е (блю́до)		zweiter Gang, Haupt-
выбира́ть (uvo.), выбира́ю, выбира́ешь	Вы уже́ вы́брали?	(aus)wählen
вы́брать (vo.), вы́беру, вы́берешь		
горчи́ца		Senf
гото́в, -а, -о; -ы	⇨ гото́вить	fertig, bereit
дава́ть (uvo.), даю́, даёшь		geben
дать (vo.), дам, дашь, даст; дади́м, дади́те, даду́т; Verg.: дал, -а́, -и		
*десе́рт		Dessert, Nachtisch
*дие́та	я на дие́те	Diät
*жа́реный	~ая ры́ба	gebraten
забыва́ть (uvo.), забыва́ю, забыва́ешь	Я забы́л, где нахо́дится рестора́н.	vergessen
забы́ть (vo.), забу́ду, забу́дешь		
*заверше́ние	~ перегово́ров	Abschluss
зака́зан, -а, -о; -ы	стол зака́зан	bestellt, reserviert
зака́з	~ стола́	Bestellung, Reservierung
зака́зывать (uvo.), зака́зываю, зака́зываешь	~ сто́лик в рестора́не	bestellen; reservieren
заказа́ть (vo.), закажу́, зака́жешь		
заку́ска	Что Вы возьмёте на ~у?	Vorspeise
замести́тель	⇨ ме́сто ~ дире́ктора	Stellvertreter
икра́		Kaviar
*испа́нский	~ое вино́	spanisch
карто́шка	котле́ты с карто́шкой	Kartoffel(n)
*компо́т		Obstsaft mit Fruchtstückchen
*конья́к	50 грамм коньяка́	Cognac
котле́та		Frikadelle
кре́пкий	~ конья́к	stark, kräftig
ло́жка		Löffel
*макаро́ны		Makkaroni, Röhren-, Bandnudeln
*марино́ванный	~ые грибы́	eingelegt, eingemacht
меню́	⇨ engl. / franz. menu	Speisekarte
минера́льный	~ая вода́	Mineral(wasser)
моро́женое	две по́рции моро́женого	Eis(creme)
мясно́й	~ое ассорти́	Fleisch-

нож		Messer
*осетри́на	~ в со́усе	Störfleisch
официа́нт/ка		Kellner/in
партнёр		(Geschäfts)Partner
*пе́пельница		Aschenbecher
пе́рвое (блю́до)		erster Gang
перегово́ры	⮑ говори́ть / разгово́р на перегово́рах; по́сле перегово́ров	Verhandlungen, Unterredungen, Gespräch
*пе́рец	без пе́рца	Pfeffer
*перспекти́ва		Aussicht, Perspektive
плати́ть (uvo.), плачу́, пла́тишь заплати́ть (vo.)	~ за обе́д	(be)zahlen (für etw.)
*по́вод	по ~у	Anlass
*поговори́ть (vo.), поговорю́, поговори́шь	Мо́жно поговори́ть с дире́ктором?	sprechen, reden
*подно́с	⮑ носи́ть - tragen	Tablett
подожда́ть (vo.), подожду́, подождёшь ждать (uvo.)	подожди́те немно́го	warten
по́рция		Portion
*посети́тель	~ рестора́на, ~ музе́я	Besucher
предлага́ть (uvo.), предлага́ю, предлага́ешь предложи́ть (vo.), предложу́, предло́жишь	~ конья́к	anbieten; vorschlagen
представи́тель	⮑ предста́вить ~ фи́рмы	Vertreter, Repräsentant
приноси́ть (uvo.), приношу́, -но́сишь принести́ (vo.), принесу́, принесёшь; Verg.: принёс, -несла́, принесли́	Принеси́те, пожа́луйста, вино́.	her-, mitbringen
про́бовать (uvo.), про́бую, про́буешь попро́бовать (vo.)	Попро́буйте!	probieren, versuchen
рекомендова́ть (uvo.), рекоменду́ю, рекоменду́ешь порекомендова́ть (vo.)	⮑ engl. recommend / franz. recommender Что Вы мо́жете порекомендова́ть?	empfehlen
*рис		Reis
*салфе́тка		Serviette
самообслу́живание		Selbstbedienung
све́жий, -ая, -ее; -ие	све́жие фру́кты	frisch
*сда́ча	сда́чи не на́до	Wechselgeld, Rest
*смета́на	грибы́ в смета́не	saure Sahne
сотру́дничество		Zusammenarbeit

*со́ус		Soße
счёт	⇨ счита́ть	Rechnung
	~ , пожа́луйста!	
таре́лка		Teller
*успе́шный	⇨ успе́х	erfolgreich
	~ое заверше́ние	
*фи́рменный	~ое блю́до	Firmen-; Marken-; *hier:* „des Hauses", „Haus-"
ча́шка	~ ко́фе	Tasse
чуть не	я чуть не забы́л/а	fast, beinahe
*шашлы́к	~ из бара́нины	Schaschlik
шу́мно		laut
*щи (Mz.)		Kohlsuppe

Меню́:

буты́лка	⇨ franz. bouteille	Flasche
гарни́р	мя́со с ~ом	Beilage
пирожо́к	бульо́н с пирожко́м	kleine Pastete, Pirogge
шампа́нское	буты́лка шампа́нского	Sekt

Typische Formulierungen im Restaurant:

креди́тная ка́рточка	заплати́ть креди́тной ка́рточкой	Kreditkarte

Speisen und Getränke:

*антреко́т		Entrecote
*бефстро́ганов		Boeuf Stroganow
*бито́чки		kleine Fleischklößchen
*ветчина́		Schinken
*виногра́дный	⇨ вино́	Trauben-
	~ сок	
говя́дина		Rindfleisch
*горо́шек		Erbsen
*горшо́чек	теля́тина в горшо́чке	(Ton)Töpfchen
*жарко́е		Braten
*карто́фель-фри		Pommes frites
*ка́ша		Grütze, Brei
*кисе́ль		säuerlicher Fruchtgelee, -pudding
колбаса́	бутербро́д с колбасо́й	Wurst
*копчёный	~ая ры́ба	geräuchert
*кра́б		Krabbe
*креве́тка		Garnele
ку́рица		Huhn
*лимо́н	чай с ~ом	Zitrone
молоко́	ко́фе с ~о́м	Milch

*морко́вка		Möhren
*окро́шка		Okroschka *(kalte Kwasssuppe)*
*419 паште́т		Pastete
пельме́ни		Pelmeni
пи́во		Bier
*пиро́жное		Kuchen, Törtchen
*полусухо́й	~ое вино́	halbtrocken
*рассо́льник		(Fleisch-/Fisch-)Suppe mit sauren Gurken
*сарде́лька		Bockwurst
*сарди́на		Sardine
свини́на		Schweinefleisch
*селёдка		Hering
*сельдь (w.)		Hering
*сёмга		Lachs, Salm
сла́дкий	~ое шампа́нское	süß, lieblich
сок	виногра́дный ~	Saft
*соля́нка		Soljanka *(Fleisch- oder Fischsuppe mit Sauerkohl, eingelegten Gurken und Gewürz)*
соси́ска		(Wiener) Würstchen
сухо́й	~ое вино́	trocken
*теля́тина		Kalbfleisch
*тушёный	~ая говя́дина	geschmort
*у́тка		Ente
*фарширо́ванный	⇨ franz. farce / farcir ~ая у́тка	gefüllt
*фасо́ль (w.)		Bohnen
*форе́ль (w.)	жа́реная ~	Forelle
*цветна́я капу́ста	⇨ цветы́	Blumenkohl
*шни́цель	~ по-ве́нски	(Wiener) Schnitzel
*шпро́ты		Sprotten
*щу́ка		Hecht
*я́блочный	⇨ я́блоко – Apfel ~ сок	Apfel-
*язы́к заливно́й		Zunge in Aspik

Alphabetisches Wörterverzeichnis Russisch – Deutsch

администра́тор	~ рестора́на	Empfangschef
*антреко́т		Entrecote
аппети́т	Прия́тного аппети́та!	Appetit
*ассорти́	мясно́е / ры́бное ~	kalte, gemischte Platte
ба́ня		Sauna; Dampfbad
*бе́дность (w.)	⇒ бе́дный	Armut
беспла́тный	⇒ без / плати́ть / пла́та	kostenlos
	~ -ая кварти́ра	
*бефстро́ганов		Boeuf Stroganow
*би́тва	~ под Москво́й	Schlacht; Kampf
*бито́чки		kleine Fleischklößchen
*бога́тство	⇒ бога́тый	Reichtum
бо́лее	~ свобо́дно	mehr *(in Verbindung mit Adjektiven und Adverbien zur Bildung der Steigerungsform)*
бо́льше	два часа́ и́ли ~	mehr
*будь = Imperativ von быть		
бу́дни		Alltag
бу́дний день	в бу́дние дни	Werktag
бу́дущее	⇒ быть: бу́ду, бу́дешь	Zukunft
	в бу́дущем	
буты́лка	⇒ franz. bouteille	Flasche
варе́нье		Konfitüre
вдруг		plötzlich
*вегетариа́нец / вегетариа́нка		Vegetarier/in
*Вели́кая Оте́чественная война́	⇒ вели́кий ⇒ оте́ц	Großer Vaterländischer Krieg (1941-1945)
*ве́ник		Rute
ветчина́		Schinken
*вести́ себя́		sich benehmen
вид	⇒ ви́деть	Art
ви́лка		Gabel
*виногра́дный	⇒ вино́	Trauben-
	~ сок	
вкус	на мой вкус	Geschmack
вку́сно	Это ~.	schmackhaft
*внача́ле	⇒ нача́ло	zuerst, anfangs
*впервы́е	⇒ пе́рвый	erstmals
впечатле́ние		Eindruck
во́здух		Luft
возмо́жность	⇒ мо́жно	Möglichkeit
война́		Krieg
Вот как!		Sieh da! Ach so!

входи́ть (uvo.)	~ в интерне́т (4.F.)	hineingehen, eintreten
вхожу́, вхо́дишь		
войти́ (vo.)		
войду́, войдёшь		
Vergl.: вошёл, вошла́		
во вре́мя + 2.F.	↪ вре́мя	während, zur Zeit von
второ́е (блю́до)		zweiter Gang, Haupt-
всё–таки		trotzdem; dennoch
всю́ду		überall
выбира́ть (uvo.)	Вы уже́ вы́брали?	(aus)wählen
выбира́ю, выбира́ешь		
вы́брать (vo.),		
вы́беру, вы́берешь		
вы́пить (vo.)	Дава́йте вы́пьем!	trinken
вы́пью, вы́пьешь		
выходны́е	↪ выходи́ть	(arbeits)freie Tage, Wochenende
*гарни́р	мя́со с ~ом	Beilage
*генера́льный секрета́рь		Generalsekretär
говя́дина		Rindfleisch
*горо́шек		Erbsen
горя́чее		Hauptgericht
горчи́ца		Senf
*горшо́чек	теля́тина в горшо́чке	(Ton)Töpfchen
гостеприи́мство	↪ гость ↪ принима́ть	Gastfreundschaft
госуда́рство	↪ госуда́рственный	Staat
гото́в, -а, -о; -ы	↪ гото́вить	fertig, bereit
гра́дус		Grad
дава́ть (uvo.)		geben
даю́, даёшь		
дать (vo.), дам, дашь,		
даст; дади́м, дади́те,		
даду́т;		
Verg.: дал, -а́, -и		
действи́тельный	Это действи́тельно так.	wirklich; tatsächlich
де́ло	У меня́ к вам ~.	Sache; Angelegenheit
*десе́рт		Dessert, Nachtisch
*дефици́т		Defizit, Mangel; hier: Mangelware
*дие́та	Я на дие́те.	Diät
догово́р	↪ говори́ть	Vertrag
доро́га	по доро́ге домо́й	Weg
до́ступ		Zugang, Zutritt
друг к дру́гу		zueinander
еда́		Essen; Speise
есть (uvo.)	Ты уже́ всё съел?	essen; speisen
съесть (vo.)	Мне хо́чется ~.	
ем, ешь, ест, еди́м,		
еди́те, едя́т		

*жа́реный	~ая ры́ба	gebraten
*жарко́е		Braten
жела́ние	➪ жела́ть	Wunsch
забыва́ть (uvo.)		vergessen
забыва́ю, забыва́ешь		
забы́ть (vo.)	Я забы́л, где нахо́дится	
забу́ду, забу́дешь	рестора́н.	
*заверше́ние	~ перегово́ров	Abschluss
зака́з	~ стола́	Bestellung, Reservierung
зака́зан, -а, -о; -ы	стол зака́зан	bestellt, reserviert
зака́зывать (uvo.),	~ сто́лик в рестора́не	bestellen; reservieren
зака́зываю,		
зака́зываешь		
заказа́ть (vo.)		
закажу́, зака́жешь		
заключа́ть (uvo.)	~ контра́кт	schließen, abschließen
-а́ю, -а́ешь		
заключи́ть (vo.)	➪ ключ	
-чу́, -чи́шь		
заку́ска	➪ вку́сно	Vorspeise
	Что Вы возьмёте на ~у?	
замести́тель	➪ ме́сто	Stellvertreter
	~ дире́ктора	
зараба́тывать (uvo.)	➪ рабо́тать	verdienen
зараба́тываю,	~ де́ньги	
зараба́тываешь		
зарабо́тать (vo.),		
зарабо́таю,		
зарабо́таешь		
зарпла́та	➪ за́работная пла́та	Gehalt, Verdienst
	➪ за / рабо́та	
*засто́й	➪ стоя́ть	Stillstand, Stagnation
	эпо́ха засто́я	
*заходи́ть (uvo.)	Заходи́те!	eine Stippvisite abstatten,
захожу́, захо́дишь	➪ ходи́ть	kurz vorbeikommen
*зайти́ (vo.)	➪ идти́	
зайду́, зайдёшь		
звоно́к	➪ звони́ть	Klingel; Klingelzeichen
игру́шка	➪ игра́ть	Spielzeug
икра́		Kaviar
инициати́ва		Initiative
иска́ть (uvo.)		suchen
ищу́, и́щешь		
*испа́нский	~ое вино́	spanisch
ка́мень (Mz.: ка́мни)	мно́го камне́й	Stein
*капитали́зм		Kapitalismus
*карто́фель-фри		Pommes frites
карто́шка	котле́ты с карто́шкой	Kartoffel(n)
*ка́ша		Grütze, Brei

*кисе́ль		säuerliches Fruchtgelee
колбаса́	бутербро́д с колбасо́й	Wurst
конфе́ты (Mz.)		Bonbons; Konfekt
*компо́т		Obstsaft mit Fruchtstückchen
*комме́рческая структу́ра	рабо́тать в комме́рческой структу́ре	„kommerzielle Struktur" *(umfasst alles vom privaten Friseursalon oder Geschäft bis zum privaten Produktionsbetrieb)*
*коммунисти́ческий	~ -ая па́ртия	kommunistisch
*конья́к	50 грамм коньяка́	Cognac
*копчёный	~ -ая ры́ба	geräuchert
котле́та		Frikadelle
*краб		Krabbe
*креве́тка		Garnele
креди́тная ка́рточка	заплати́ть креди́тной ка́рточкой	Kreditkarte
кре́пкий	~ конья́к	stark, kräftig
*кри́зис	полити́ческий ~	Krise
ку́рица		Huhn
*куро́рт	на ~е	Kur-, Badeort
*лимо́н	чай с ~ом	Zitrone
лицо́ Mz.: ли́ца	на лице́	Gesicht
ли́чный	⇨ лицо́ говори́ть на ли́чные те́мы	persönlich
ло́жка		Löffel
любе́зный	⇨ люби́ть	liebenswürdig; freundlich
*любо́й		jeder beliebige
*макаро́ны		Makkaroni, Röhren-, Bandnudeln
*марино́ванный	~ые грибы́	eingelegt, eingemacht
меню́	⇨ engl. / franz. menu	Speisekarte
меня́ться (uvo.) меня́юсь, меня́ешься		sich ändern
минера́льный	~ая вода́	Mineral(wasser)
молодёжь (w.)	⇨ молодо́й	Jugend (junge Leute)
молоко́	ко́фе с ~о́м	Milch
*морко́вка		Möhren
моро́женое	две по́рции моро́женого	Eis(creme)
моро́з	стоя́т моро́зы	Frost
мясно́й	~о́е ассорти́	Fleisch-
*нава́р		Fett(augen)
наконе́ц	⇨ коне́ц	schließlich, endlich
налива́ть (uvo.) налива́ю, налива́ешь	~ вино́	einschenken; eingießen
нали́ть (vo.) налью́, нальёшь		

напиток	⇨ пить	Getränk
*небезопасно	⇨ без / опасно	nicht ungefährlich
*неприветливость (w.)	⇨ привет	Unfreundlichkeit
*неприлично		gehört sich nicht, ziemt sich nicht
*никогда	⇨ когда	niemals
*НЭП	**Н**овая **э**кономическая **п**олитика	NÖP: Neue Ökonomische Politik
*новогодний	⇨ новый ⇨ год	Neujahrs-, Silvester-
*под Новый год		am Silvesterabend
нож, Gen.: ножа		Messer
оба (m./s.), обе (w.)	оба мальчика; обе девочки	beide
*обливать / облить		übergießen; begießen
образование	профессиональное ~	Bildung, Ausbildung
*образоваться vo.		sich bilden
обратно	туда и ~	zurück
обслуживание	медицинское ~	Bedienung, Betreuung, Dienstleistung, Service
общественный	~ транспорт	öffentlich, gesellschaftlich
*объединять (uvo.) -яю, -яешь *объединить (vo.)	⇨ один	vereinen, vereinigen
объяснять (uvo.) объяснить (vo.) -ню, -нишь	⇨ ясно	erklären
обязательный		obligatorisch, Pflicht-
овощи 2.F. Mz.: овощей		Gemüse
огромный		riesig; gewaltig
один		*hier:* bloß, nur
одинаковый	⇨ один	gleich
*оказывать (uvo.) -аю, -аешь *оказать (vo.) окажу, окажешь	~ помощь	(Hilfe) leisten
*окрошка		Okroschka *(kalte Kwasssuppe)*
*Октябрьская революция	⇨ октябрь	Oktoberrevolution
описание	⇨ писать	Beschreibung
*осетрина	~ в соусе	Störfleisch
основать vo.	⇨ основной ⇨ основание	gründen
оставаться (uvo.) остаюсь, -ёшься остаться (vo.) останусь, останешься	остаётся мало времени	(übrig-, zurück-)bleiben
* отдельно	жить ~	einzeln, getrennt, für sich

отдохну́ть (vo.), отдохну́, отдохнёшь отдыха́ть (uvo.)		sich erholen, ausruhen, entspannen
*оте́чественный	⇨ оте́ц ⇨ Вели́кая ~-ая война́	vaterländisch
*отка́зываться (uvo.) *отказа́ться (vo.) -жу́сь; -жешься	~ от чего́	verzichten; ablehnen
отсю́да		daher, hieraus
*о́ттепель (w.)	⇨ тепло́ пери́од о́ттепели	Tauwetter
официа́нт/ка		Kellner/in
о́чередь (w.)	стоя́ть в о́череди	Reihe, Schlange
*очисти́тельный	⇨ чи́стый	Reinigungs-
*пар		Dampf
*пари́лка	⇨ пар	Dampfraum
па́ртия	социа́л-демократи́ческая ~	Partei
партнёр		(Geschäfts)Partner
*паште́т		Pastete
пельме́ни		kleine gefüllte Teigtaschen
*пе́пельница		Aschenbecher
пе́рвое (блю́до)		erster Gang
переговоры	⇨ говори́ть / разгово́р на переговорах; по́сле переговоров	Verhandlungen, Unterredungen, Gespräch
*перестра́ивать (uvo.) -аю, -аешь *перестро́ить (vo.) -о́ю, -о́ишь	⇨ перестро́йка	umbauen, umgestalten
перестро́йка		Perestrojka, Umbau
*пересы́лка	⇨ пере-	Versand
перехо́д	⇨ пере(вести́) / ходи́ть ~ к ры́ночной эконо́мике	Übergang
*пе́рец	без пе́рца	Pfeffer
*перспекти́ва		Aussicht, Perspektive
*пе́чка	на пе́чке	Ofen
пи́во		Bier
*пиро́жное		Kuchen, Törtchen
пирожо́к (Mz.: пирожки)	бульо́н с пирожко́м	kleine Pastete, Pirogge
пить (uvo.) пью, пьёшь		trinken
*пла́новый	⇨ план ~ое хозя́йство	Plan-
плати́ть (uvo.) плачу́, пла́тишь заплати́ть (vo.)	~ за обе́д	(be)zahlen (für etw.)
*(не) повезло́ (umg.)		(kein) Glück haben
*по́вод	по ~у	Anlass
пого́да	хоро́шая ~	Wetter

*поговори́ть (vo.), поговорю́, поговори́шь	Мо́жно поговори́ть с дире́ктором?	sprechen, reden
подключа́ть(ся) (uvo.) -а́ю(сь), -а́ешь(ся)	~ к интерне́ту	(sich) anschließen
подключи́ться -чу́(сь), -чи́шь(ся)	⇨ ключ	
поднима́ться (uvo.) подня́ться (vo.) подниму́сь; подни́мешься (Verg.: подня́лся)		hinaufgehen, -fahren
*подно́с	⇨ носи́ть	Tablett
подожда́ть (vo.) подожду́, подождёшь ждать (uvo.)	Подожди́те немно́го.	warten
подъе́зд	⇨ е́здить	Eingang
по́здно		spät
*поиско́вый	⇨ иска́ть	Such-
пока́зывать (uvo.) пока́зываю, -аешь показа́ть (vo.), покажу́, пока́жешь		zeigen
поколе́ние	ста́ршее ~	Generation
положи́ть (vo.) положу́, поло́жишь (класть) (uvo.) кладу́, кладёшь		legen; *hier:* auflegen
полтора́	~ го́да	anderthalb
*полусухо́й	~ое вино́	halbtrocken
получа́ть (uvo.) получи́ть (vo.) получу́, полу́чишь	~ информа́цию	erhalten, bekommen
помеще́ние	жило́е ~	Raum; Gebäude
по́мощь (w.)	⇨ помога́ть	Hilfe
по́рция		Portion
поря́док	по поря́дку	Ordnung; Reihenfolge
*посети́тель	~ рестора́на	Besucher
посеща́ть (uvo.) -а́ю, -а́ешь посети́ть (vo.) посещу́, посети́шь	~ о́фис	besuchen
посеще́ние		Besuch
*похвали́ть (vo.) -лю́, -лишь		loben
похо́жий (на что/кого)		ähnlich
*появля́ться (uvo.) появля́юсь, появля́ешься *появи́ться (vo.) появлю́сь, поя́вишься	Появи́лись но́вые ру́сские.	entstehen, aufkommen, auftreten

пра́вило	⇨ пра́вильно	Regel; Norm;
прав, -а́, -ы	Вы пра́вы.	*hier:* recht haben
предлага́ть (uvo.)	~ конья́к	anbieten; vorschlagen
предлага́ю, -а́ешь	Предлага́ю тост за тебя́!	
предложи́ть (vo.)		
предложу́, предло́жишь		
предприя́тие	госуда́рственное ~	Unternehmen, Betrieb
представи́тель	⇨ предста́вить	Vertreter, Repräsentant
	~ фи́рмы	
*представля́ть (uvo.)		vorstellen
-ставля́ю, -ставля́ешь		
*предста́вить (vo.)		
-ста́влю, -ста́вишь		
президе́нт	~ Росси́йской Федера́ции	Präsident
приблизи́тельно		ungefähr, etwa
*привы́чка	по привы́чке	Gewohnheit
приглаша́ть (uvo.)	Я приглаша́ю Вас в го́сти.	einladen
приглаша́ю, -ша́ешь		
пригласи́ть (vo.)		
приглашу́, пригласи́шь		
приглаше́ние	Спаси́бо за ~.	Einladung
приноси́ть (uvo.)	Принеси́те, пожа́луйста, вино́.	her-, mitbringen
приношу́, -но́сишь		
принести́ (vo.)		
принесу́, принесёшь;		
Verg.: принёс,-несла́, принесли́		
при́нято		üblich
про́бовать (uvo.)		probieren
про́бую, про́буешь		
попро́бовать (vo.)	Попро́буйте!	
продолжа́ть (uvo.)		fortsetzen
-а́ю, -а́ешь		
продо́лжить (vo.)		
-жу, -жишь		
проду́кты		Lebensmittel
*пропа́сть (vo.)		umkommen; zugrunde gehen
пропаду́, -адёшь		
Verg.: пропа́л		
*пропада́ть (uvo.)		
-а́ю, -а́ешь		
проси́ть (uvo.)	Прошу́ к столу́.	bitten
прошу́, про́сишь		
попроси́ть (vo.)		
про́шлое	в про́шлом	Vergangenheit
*пры́гать (uvo.)		springen
*пры́гнуть (vo.)		
-ну; -нешь		

*путешéственник	⇨ путь	Reisender
путь (m.)	пути назáд нет	Weg
рабóчий	⇨ рабóта/рабóтать	Arbeiter, Arbeits-
	~ день	
развивáться (uvo.)		sich entwickeln
-áюсь, -áешься		
разли́чный		verschieden(artig)
*распáд	⇨ распадáться	Zerfall
*распадáться (uvo.)	СССР распáлся.	zerfallen
*распáсться (vo.)		
расписáние	~ самолётов,	Plan
	~ поездóв	
*рассóльник		(Fleisch-/Fisch-)Suppe mit sauren Gurken
расстоя́ние	⇨ стоя́ть	Entfernung
рекомендовáть (uvo.)	⇨ engl. recommend / franz. recommender	empfehlen
рекомендýю,		
рекомендýешь	Что Вы мóжете порекомендовáть?	
порекомендовáть (vo.)		
рефóрма	экономи́ческие ~ы	Reform
*рис		Reis
*родны́е	⇨ рóдственники	Verwandte
россия́нин; Mz.: россия́не		Bewohner Russlands
ры́нок	покупáть продýкты на ры́нке	Markt
ры́ночный	⇨ ры́нок	Markt-
	~ая эконóмика	
сади́ться (uvo.)	~ за компью́тер	sich setzen
сажýсь, сади́шься		
сесть (vo)		
ся́ду, ся́дешь;		
Verg.: сел, -а, -и		
*салфéтка		Serviette
сам (-á, -и)		selbst
*самиздáт	⇨ сам / из / дать	Samisdat („Selbstverlag")
	литератýра самиздáта	
самолёт	⇨ летáть	Flugzeug
самообслýживание		Selbstbedienung
*сардéлька		Bockwurst
*санди́на		Sardine
свет		Licht; Schein
свéжий	свéжие фрýкты	frisch
свини́на		Schweinefleisch
*сдáча	сдáчи не нáдо	Wechselgeld, Rest
*селёдка		Hering
*сельдь (w.)		Hering
*сериáл	⇨ engl. serial	(Fernseh)Serie
*сёмга		Lachs, Salm
*скучáть (uvo.)	⇨ скýчно	sich langweilen

сла́дкий	~ое шампа́нское	süß, lieblich
сле́дующий	Кто ~ ?	folgend, nächst
слу́жба		Dienst
смерть (w.)	⇨ умере́ть по́сле сме́рти Ста́лина	Tod
*смета́на	грибы́ в смета́не	saure Sahne
*смотре́ть за детьми́		auf die Kinder aufpassen
СНГ	Содру́жество Незави́симых Госуда́рств	GUS – Gemeinschaft Unabhängiger Staaten
*сове́тский	Сове́тский Сою́з	sowjetisch
Сове́тский Сою́з		Sowjetunion
создава́ть (uvo.) создаю́, создаёшь	~ ча́стные предприя́тия	schaffen, gründen
созда́ть (vo.) созда́м, созда́шь		
сок	виногра́дный ~	Saft
солёный	⇨ соль	salzig; eingesalzen
*соля́нка		Soljanka (Fleisch- oder Fischsuppe mit Sauerkohl, eingelegten Gurken und Gewürz)
соси́ска		(Wiener) Würstchen
сотру́дничество		Zusammenarbeit
*со́ус		Soße
социа́л-демократи́ческий	~ая па́ртия	sozialdemokratisch
социали́зм		Sozialismus
сою́з	Европе́йский С. EC/EU	Union
споко́йный	Споко́йной но́чи!	ruhig; still
*сра́зу		sofort; sogleich
(по)стара́ться (+ Inf.) -а́юсь; -а́ешься		sich bemühen
стоя́ть (uvo.), стою́, стои́шь	~ в о́череди	stehen
структу́ра		Struktur
су́мка		Tasche
сухо́й	~о́е вино́	trocken
счёт	⇨ счита́ть ~ , пожа́луйста!	Rechnung
сыр		Käse
сыт (-а́, -ы)		satt
тако́й же		ebensolch, gleich
таре́лка		Teller
*теля́тина		Kalbfleisch
тёплый		warm
това́р		Ware, Artikel
торго́вля	~ това́рами	Handel
тру́дность (w.)	⇨ тру́дно	Schwierigkeit
*тушёный	~ая говя́дина	geschmort
тяжёлый	~ое зада́ние	schwer, hart, schwierig
Угоща́йтесь!		Greifen Sie zu!

*угоща́ться угоща́юсь, угоща́ешься		sich bedienen
угоще́ние	➾ гость типи́чное ~	Bewirtung
удивля́ться (uvo.) + 3.F. удивля́юсь, удивля́ешься удиви́ться (vo.) удивлю́сь, удиви́шься		sich wundern (über)
улыба́ться (uvo.) улыба́юь, улыба́ешься улыбну́ться (vo.) улыбну́сь, улыбнёшься		lächeln
умира́ть (uvo.) -а́ю, -а́ешь умере́ть (vo.) умру́, умрёшь (Verg.: у́мер, умерла́, у́мерли)		sterben
*успе́шный	➾ успе́х ~ое заверше́ние	erfolgreich
*уста́лость (w.)		Müdigkeit
*у́тка		Ente
ую́тно (Adv.)		gemütlich
факт		Tatsache
*фарширо́ванный	➾ franz. farce / farcir ~ая у́тка	gefüllt
*фасо́ль (w.)		Bohnen
*фи́рменный	~ое блю́до	Firmen-; Marken-; *hier:* „des Hauses", „Haus-"
*форе́ль (w.)	жа́реная ~	Forelle
фру́кты		Obst
*хвали́ть (uvo.)		loben, rühmen
хвата́ть (uvo.) (чего́) хвата́ет хвати́ть (vo.), хва́тит	не хвата́ет де́нег	ausreichen, langen
*хлеб-соль		Bewirtung; Gastfreundschaft
хозя́ин (Mz.: хозя́ева)		Hausherr; Hauswirt
хозя́йка		Hausherrin; Hauswirtin
це́лый	~ день	ganz
*цветна́я капу́ста	➾ цветы́	Blumenkohl
ча́стный	~-ое предприя́тие	privat
ча́шка	~ ко́фе	Tasse
*чо́каться (uvo.) *чо́кнуться (vo.)		anstoßen
чуть не	Я чуть не забы́л/а.	fast, beinahe
шампа́нское	буты́лка шампа́нского	Sekt
*шашлы́к	~ из бара́нины	Schaschlik

*шни́цель	~ по-ве́нски	(Wiener) Schnitzel
*шпро́ты		Sprotten
шу́мно		laut
*щи (Mz.)		Kohlsuppe
*щу́ка		Hecht
эконо́мика	ры́ночная ~ (Markt-)	Wirtschaft
элеме́нт		Element
эпо́ха		Epoche
*я́блочный	⇨ я́блоко ~ сок	Apfel-
*язы́к заливно́й		Zunge in Aspik
*язы́ческий	⇨ язы́к	heidnisch

Alphabetisches Wörterverzeichnis Deutsch – Russisch

Abschluss	~ перегово́ров	*заверше́ние
ähnlich		похо́жий (на что/кого)
Alltag		бу́дни
am Silvesterabend		*под Но́вый год
anbieten; vorschlagen	~ конья́к	предлага́ть (uvo.)
	Предлага́ю тост за тебя́!	предлага́ю, предлага́ешь
		предложи́ть (vo.)
		предложу́, предло́жишь
anderthalb		полтора́
Anlass	по ~у	*по́вод
anstoßen		*чо́каться (uvo.)
		*чо́кнуться (vo.)
Apfel-	⇨ я́блоко – Apfel	*я́блочный
	~ сок	
Appetit	Прия́тного аппети́та!	аппети́т
Arbeiter, Arbeits-	⇨ рабо́та / рабо́тать	рабо́чий
	~ день	
(arbeits)freie Tage, Wochenende	⇨ выходи́ть	выходны́е
Armut	⇨ бе́дный	*бе́дность (w.)
Art	⇨ ви́деть	вид
Aschenbecher		*пе́пельница
auf die Kinder aufpassen		*смотре́ть за детьми́
aufstehen		подня́ться (vo.)
		подниму́сь; подни́мешься
		(Verg.: подня́лся)
		поднима́ться (uvo.)
		-а́юсь, -а́ешься
ausreichen, langen	не хвата́ет де́нег	хвата́ть (uvo.) (чего́)
		хвата́ет
		хвати́ть (vo.),
		хва́тит
Aussicht, Perspektive		*перспекти́ва
(aus)wählen	Вы уже́ вы́брали?	выбира́ть (uvo.)
		выбира́ю, выбира́ешь
		вы́брать (vo.),
		вы́беру, вы́берешь
Bedienung, Betreuung, Dienstleistung, Service	медици́нское ~	обслу́живание
beide	о́ба ма́льчика; о́бе де́вочки	о́ба (m./s.), о́бе (w.)
Beilage	мя́со с ~ом	*гарни́р
Beschreibung	⇨ писа́ть	описа́ние

bestellen; reservieren	~ сто́лик в рестора́не	зака́зывать (uvo.)
		  зака́зываю,
		  зака́зываешь
		заказа́ть (vo.)
		  закажу́, зака́жешь

bestellt, reserviert	стол зака́зан	зака́зан, -а, -о; -ы
Bestellung, Reservierung	~ стола́	зака́з
Besuch		посеще́ние

besuchen	~ о́фис	посеща́ть (uvo.)
		  -а́ю, -а́ешь
		посети́ть (vo.)
		  посещу́, посети́шь

Besucher	~ рестора́на	*посети́тель
Bewirtung	↪ гость	угоще́ние
Bewirtung; Gastfreundschaft		*хлеб-соль
Bewohner Russlands		россия́нин; Mz.: россия́не
(be)zahlen (für etw.)	~ за обе́д	плати́ть (uvo.), плачу́, пла́тишь заплати́ть (vo.)
Bier		пи́во
Bildung, Ausbildung	профессиона́льное ~	образова́ние
bitten	Прошу́ к столу́.	проси́ть (uvo.) прошу́, про́сишь попроси́ть (vo.)
Blumenkohl	↪ цветы́	*цветна́я капу́ста
Bockwurst		*сарде́лька
Boeuf Stroganow		*бефстро́ганов
Bohnen		*фасо́ль (w.)
Braten		*жарко́е
Cognac	50 грамм коньяка́	*конья́к
daher, hieraus		отсю́да
Dampf		*пар
Dampfraum	↪ пар	*пари́лка
Defizit, Mangel; hier: Mangelware		*дефици́т
Dessert, Nachtisch		*десе́рт
Diät	Я на дие́те.	*дие́та
Dienst		слу́жба
Eindruck machen		произвести́ впечатле́ние

eine Stippvisite abstatten,
kurz vorbeikommen
	Заходи́те!
	↪ ходи́ть
	↪ идти́
		*заходи́ть (uvo.)
		  захожу́, захо́дишь
		*зайти́ (vo.)
		  зайду́, зайдёшь

Eingang	↪ е́здить	подъе́зд
eingelegt, eingemacht	~ые грибы́	*марино́ванный

einladen	Я приглашáю Вас в гóсти.	приглашáть (uvo.) приглашáю, -шáешь пригласи́ть (vo.) приглашý, пригласи́шь
Einladung	Спаси́бо за ~.	приглашéние
einschenken; eingießen	~ винó	налива́ть (uvo.) налива́ю, налива́ешь нали́ть (vo.) налью́, нальёшь
einzeln, getrennt, für sich	жить ~	*отдéльно
Eis(creme)	две пóрции морóженого	морóженое
Element		элемéнт
Empfangschef	~ рестора́на	администра́тор
empfehlen	⇨ engl. recommend / franz. recommender Что Вы мóжете порекомендова́ть?	рекомендова́ть (uvo.), рекомендýю, рекомендýешь порекомендова́ть (vo.)
Ente		*ýтка
Entfernung	⇨ стоя́ть	расстоя́ние
Entrecote		*антрекóт
entstehen, aufkommen, auftreten	Появи́лись новые русские.	*появля́ться (uvo.) появля́юсь, появля́ешься *появи́ться (vo.) появлю́сь, поя́вишься
Epoche		эпóха
Erbsen		*горóшек
erfolgreich	⇨ успéх ~ое завершéние	*успéшный
erhalten, bekommen	~ информа́цию	получа́ть (uvo.) получи́ть (vo.) получý, полýчишь
erklären	⇨ я́сно	объясня́ть (uvo.) объясни́ть (vo.) -ню́, -ни́шь
erster Gang		пéрвое (блю́до)
erstmals	⇨ пéрвый	*впервы́е
Essen; Speise		еда́
essen; speisen	Ты ужé всё съел? Мне хóчется ~.	есть (uvo.) съесть (vo.) ем, ешь, ест, еди́м, еди́те, едя́т
fast, beinahe	Я чуть не забы́л/а.	чуть не
(Fernseh)Serie	⇨ engl. serial	*сериа́л
fertig, bereit	⇨ готóвить	готóв, -а, -о; -ы
Fett(augen)		*нава́р
Firmen-; Marken-; hier: „des Hauses", „Haus-"	~ое блю́до	*фи́рменный
Flasche	⇨ franz. bouteille	буты́лка

Fleisch-	~óe ассортú	мяснóй
Fleischklößchen (kleine)		*биточки
folgend, nächst	Кто ~ ?	следующий
Forelle	жáреная ~	*форéль (w.)
fortsetzen		продолжáть (uvo.)
		-áю, -áешь
		продóлжить (vo.)
		-жу, -жишь
Frikadelle		котлéта
frisch	свéжие фрýкты	свéжий
Frost	стоя́т морóзы	морóз
Gabel		вúлка
ganz	~ день	цéлый
Garnele		*кревéтка
Gastfreundschaft	⇨ гость	гостеприúмство
geben		давáть (uvo.)
		даю́, даёшь
		дать (vo.), дам, дашь,
		даст; дадúм, дадúте,
		дадýт;
		Verg.: дал, -á, -и
gebraten	~ая рыба	*жáреный
gefüllt	⇨ franz. farce / farcir	*фарширóванный
	~ая ýтка	
Gehalt, Verdienst	⇨ зáработная плáта	зарплáта
	⇨ за / рабóта	
gehört sich nicht, ziemt sich nicht		*неприлúчно
Gemüse		óвощи
		2.F. Mz.: овощéй
gemütlich		ую́тно (Adv.)
Generalsekretär		*генерáльный секретáрь
Generation	стáршее ~	поколéние
geräuchert	~ ая рыба	*копчёный
(Geschäfts)Partner		партнёр
Geschmack	на мой вкус	вкус
geschmort	~ая говя́дина	*тушёный
Gesicht	на лицé	лицó
		Mz.: лúца
Getränk	⇨ пить	напúток
Gewohnheit	по привы́чке	*привы́чка
gleich	⇨ одúн	одинáковый
gleich, ebensolch		такóй же
Grad		грáдус
Greifen Sie zu!		Угощáйтесь!
Großer Vaterländischer Krieg (1941-1945)	⇨ велúкий ⇨ отéц	*Велúкая Отéчественная войнá
gründen	⇨ основнóй ⇨ основáние	основáть vo.

Grütze, Brei		*каша
GUS – Gemeinschaft Unabhängiger Staaten	Содру́жество Незави́симых Госуда́рств	СНГ
halbtrocken	~ое вино́	*полусухо́й
Handel	~ това́рами	торго́вля
Hauptgericht		горя́чее
Hausherr; Hauswirt		хозя́ин (Mz.: хозя́ева)
Hausherrin; Hauswirtin		хозя́йка
Hecht		*щу́ка
heidnisch	⮞ язы́к	*язы́ческий
her-, mitbringen	Принеси́те, пожа́луйста, вино́.	приноси́ть (uvo.) приношу́, -но́сишь принести́ (vo.) принесу́, принесёшь; Verg.: принёс,-несла́, принесли́
Hering		*селёдка
Hering		*сельдь (w.)
Hilfe	⮞ помога́ть	по́мощь (w.)
Hilfe leisten	~ по́мощь	*ока́зывать (uvo.) -аю, -аешь *оказа́ть (vo.) окажу́, ока́жешь
hinaufgehen, -fahren		поднима́ться (uvo.)
hineingehen, eintreten	~ в интерне́т (4.F.)	входи́ть (uvo.) вхожу́, вхо́дишь войти́ (vo.) войду́, войдёшь Verg.: вошёл, вошла́
Huhn		ку́рица
Initiative		инициати́ва
jeder beliebige		*любо́й
Jugend (junge Leute)	⮞ молодо́й	молодёжь (w.)
Kalbfleisch		*теля́тина
kalte, gemischte Platte	мясно́е / ры́бное ~	*ассорти́
Kapitalismus		*капитали́зм
Kartoffel(n)	котле́ты с карто́шкой	карто́шка
Käse		сыр
Kaviar		икра́
(kein) Glück haben		*(не) повезло́ (umg.)
Kellner/in		официа́нт/ка
Klingel; Klingelzeichen	⮞ звони́ть	звоно́к
Kohlsuppe		*щи (Mz.)
„kommerzielle Struktur" (umfasst alles vom privaten Friseursalon oder Geschäft bis zum privaten Produktionsbetrieb)	рабо́тать в комме́рческой структу́ре	*комме́рческая структу́ра
Konfekt; Bonbons		конфе́ты (Mz.)
Konfitüre		варе́нье

kostenlos	↪ без / плати́ть / пла́та ~-ая кварти́ра	беспла́тный
Krabbe		*краб
Kreditkarte	заплати́ть креди́тной ка́рточкой	креди́тная ка́рточка
Krieg		война́
Krise	полити́ческий ~	*кри́зис
Kuchen, Törtchen		*пиро́жное
Kur-, Badeort	на ~е	*куро́рт

lächeln		улыба́ться (uvo.)
		  улыба́ю, улыба́ешься
		улыбну́ться (vo.)
		  улыбну́сь, улыбнёшься

Lachs, Salm		*сёмга
laut		шу́мно
Lebensmittel		проду́кты

legen; hier: auflegen		положи́ть (vo.)
		  положу́, поло́жишь
		класть (uvo.)
		  кладу́, кладёшь

Licht; Schein		свет
liebenswürdig; freundlich	↪ люби́ть	любе́зный
loben, rühmen		*хвали́ть (uvo.) *похвали́ть (vo.) -лю́, -лишь
Löffel		ло́жка
Luft		во́здух
Makkaroni, Röhren-, Bandnudeln		*макаро́ны
Markt	покупа́ть проду́кты на ры́нке	ры́нок
Markt-	↪ ры́нок ~ая эконо́мика	ры́ночный
mehr	два часа́ и́ли ~	бо́льше
mehr (in Verbindung mit Adjektiven und Adverbien = Steigerungsform)	~ свобо́дно	бо́лее
Messer		нож
Milch	ко́фе с ~о́м	молоко́
Mineral(wasser)	~ая вода́	минера́льный
Möglichkeit	↪ мо́жно	возмо́жность
Möhren		*морко́вка
Müdigkeit		*уста́лость (w.)
Neujahrs-, Silvester-	↪ но́вый ↪ год	*нового́дний
nicht ungefährlich	↪ без / опа́сно	*небезопа́сно
niemals	↪ когда́	*никогда́
NÖP: Neue Ökonomische Politik	Но́вая экономи́ческая поли́тика	*НЭП

obligatorisch, Pflicht-		обязательный
Obst		фрукты
Obstsaft mit Fruchtstückchen		*компот
Ofen	на печке	*печка
öffentlich, gesellschaftlich	~ транспорт	общественный
Okroschka (kalte Kwasssuppe)		*окрошка
Oktoberrevolution	⮕ октябрь	*Октябрьская революция
Ordnung; Reihenfolge	по порядку	порядок
Partei	социал-демократическая ~	партия
Pastete		*паштет
Pirogge	бульон с пирожком	пирожок (Mz.: пирожки)
persönlich	⮕ лицо говорить на личные темы	личный
Perstrojka, Umbau		перестройка
Pfeffer	без перца	*перец
Plan	~ самолётов, ~ поездов	расписание
Plan-	⮕ план ~ое хозяйство	*плановый
plötzlich		вдруг
Pommes frites		*картофель-фри
Portion		порция
Präsident	~ Российской Федерации	президент
privat	~ -ое предприятие	частный
probieren		пробовать (uvo.) пробую, пробуешь
	Попробуйте!	попробовать (vo.)
Rassolnik (Fleisch-/Fisch-suppe mit sauren Gurken)		*рассольник
Raum; Gebäude	жилое ~	помещение
Rechnung	⮕ считать ~ , пожалуйста!	счёт
Reform	экономические ~ы	реформа
Regel; Norm;	⮕ правильно	правило
Reichtum	⮕ богатый	*богатство
Reihe, Schlange	стоять в очереди	очередь (w.)
Reinigungs-	⮕ чистый	*очистительный
Reis		*рис
Reisender	⮕ путь	*путешественник
riesig; gewaltig		огромный
Rindfleisch		говядина
ruhig; still	Спокойной ночи!	спокойный
Rute		*веник
Sache; Angelegenheit	У меня к вам ~.	дело
Saft	виноградный ~	сок
salzig; eingesalzen	⮕ соль	солёный

Samisdat („Selbstverlag")	⇨ сам / из / дать литерату́ра самизда́та	*самизда́т
Sardine		*сарди́на
satt		сыт (-а́, -ы)
säuerliches Fruchtgelee		*кисе́ль
Sauna; Dampfbad		ба́ня
saure Sahne	грибы́ в смета́не	*смета́на
schaffen, gründen	~ ча́стные предприя́тия	создава́ть (uvo.) создаю́, создаёшь создать (vo.) созда́м, созда́шь
Schaschlik	~ из бара́нины	*шашлы́к
Schinken		ветчина́
Schlacht; Kampf	~ под Москво́й	*би́тва
schließen, abschließen	~ контра́кт	заключа́ть (uvo.) -а́ю, -а́ешь
	⇨ ключ	заключи́ть (vo.) -чу́, -чи́шь
schließlich, endlich	⇨ коне́ц	наконе́ц
schmackhaft	Это ~.	вку́сно
Schnitzel	~ по-ве́нски	*шни́цель
Schweinefleisch		свини́на
schwer, hart, schwierig	~ое зада́ние	тяжёлый
Schwierigkeit	⇨ тру́дно	тру́дность (w.)
Sekt	буты́лка шампа́нского	шампа́нское
selbst		сам (-а́, -и)
Selbstbedienung		самообслу́живание
Senf		горчи́ца
Serviette		*салфе́тка
sich ändern		меня́ться (uvo.) меня́юсь, меня́ешься
sich anschließen	~ к интерне́ту	подключа́ть(ся) (uvo.) -а́ю(сь), -а́ешь(ся)
	⇨ ключ	подключи́ться -чу́(сь), -чи́шь(ся)
sich bedienen		*угоща́ться угоща́юсь, угоща́ешься
sich bemühen		(по)стара́ться (+ Inf.) -а́юсь; -а́ешься
sich benehmen		*вести́ себя́
sich bilden		*образова́ться vo.
sich entwickeln		развива́ться (uvo.) -а́юсь, -а́ешься
sich erholen, ausruhen, entspannen		отдохну́ть (vo.), отдохну́, отдохнёшь отдыха́ть (uvo.)
sich langweilen	⇨ ску́чно	*скуча́ть (uvo.)

sich setzen		садиться (uvo.) сажу́сь, сади́шься
	~ за компьютер	сесть (vo) ся́ду, ся́дешь; Verg.: сел, -а, -и
sich vorstellen		*представля́ть (uvo.) -ставля́ю, -ставля́ешь
		*предста́вить (vo.) -ста́влю, -ста́вишь
sich wundern (über)		удивля́ться (uvo.) + 3.F. удивля́юсь, удивля́ешься
		удиви́ться (vo.) удивлю́сь, удиви́шься
Sieh da! Ach so!		Вот как!
sofort; sogleich		*сра́зу
Soljanka (Fleisch- oder Fischsuppe mit Sauerkohl, eingelegten Gurken und Gewürz)		*соля́нка
Soße		*со́ус
sowjetisch	Сове́тский Сою́з	*сове́тский
Sowjetunion		Сове́тский Сою́з
sozialdemokratisch	~ая па́ртия	социа́л-демократи́ческий
Sozialismus		социали́зм
spanisch	~ое вино́	*испа́нский
spät		по́здно
Speisekarte	⇨ engl. / franz. menu	меню́
Spielzeug	⇨ игра́ть	игру́шка
sprechen, reden	Мо́жно поговори́ть с дире́ктором?	*поговори́ть (vo.) поговорю́, поговори́шь
springen		*пры́гать (uvo.)
		*пры́гнуть (vo.) -ну; -нешь
Sprotten		*шпро́ты
Staat	⇨ госуда́рственный	госуда́рство
stark, kräftig	~ конья́к	кре́пкий
stehen	~ в о́череди	стоя́ть (uvo.) стою́, стои́шь
Stein	мно́го камне́й	ка́мень (Mz.: ка́мни)
Stellvertreter	⇨ ме́сто ~ дире́ктора	замести́тель
sterben		умира́ть (uvo.) -а́ю, -а́ешь
		умере́ть (vo.) умру́, умрёшь (Verg.: у́мер, умерла́, у́мерли)
Stillstand	⇨ стоя́ть эпо́ха засто́я	*засто́й

Störfleisch	~ в со́усе	*осетри́на
Struktur		структу́ра
suchen		иска́ть (uvo.)
		ищу́, и́щешь
Such-	⇨ иска́ть	*поиско́вый
süß, lieblich	~ое шампа́нское	сла́дкий
Tablett	⇨ носи́ть	*подно́с
Tasche		су́мка
Tasse	~ ко́фе	ча́шка
Tatsache		факт
Tauwetter	⇨ тепло́	*о́ттепель (w.)
	пери́од о́ттепели	
Teigtaschen (gefüllte)		пельме́ни
Teller		таре́лка
Tod	⇨ умере́ть	смерть (w.)
	после сме́рти Ста́лина	
(Ton)Töpfchen	теля́тина в горшо́чке	*горшо́чек
Trauben-	⇨ вино́	*виногра́дный
	~ сок	
trinken	Дава́йте вы́пьем!	вы́пить (vo.)
		вы́пью, вы́пьешь
trinken		пить (uvo.)
		пью, пьёшь
trocken	~о́е вино́	сухо́й
trotzdem; dennoch		всё-таки
überall		всю́ду
Übergang	⇨ пере(вести́) / ходи́ть	перехо́д
	~ к ры́ночной эконо́мике	
übergießen; begießen		*облива́ть / обли́ть
üblich		при́нято
(übrig-, zurück-)bleiben	остаётся ма́ло вре́мени	остава́ться (uvo.)
		остаю́сь, -ёшься
		оста́ться (vo.),
		оста́нусь, оста́нешься
umbauen, umgestalten	⇨ перестро́йка	*перестра́ивать (uvo.)
		-аю, -аешь
		*перестро́ить (vo.)
		-о́ю, -о́ишь
umkommen; zugrunde gehen		*пропа́сть (vo.)
		пропаду́, -адёшь
		Verg.: пропа́л
		*пропада́ть (uvo.)
		-а́ю, -а́ешь
Unfreundlichkeit	⇨ приве́т	*неприве́тливость (w.)
ungefähr		приблизи́тельно
Union	Европе́йский С. EC/EU	сою́з
Unternehmen, Betrieb	госуда́рственное ~	предприя́тие

vaterländisch	⮕ отéц ⮕ Велúкая ~-ая войнá	*отéчественный
Vegetarier/in		*вегетариáнец / вегетариáнка
verdienen	⮕ рабóтать ~ деньги	зарабáтывать (uvo.) зарабáтываю, зарабáтываешь заработáть (vo.) заработáю, -áешь
vereinen, vereinigen	⮕ одúн	*объединя́ть (uvo.) -я́ю, -я́ешь *объединúть (vo.)
Vergangenheit	в прóшлом	прóшлое
vergessen	Я забы́л, где нахóдится ресторáн.	забывáть (uvo.) забывáю, забывáешь забы́ть (vo.), забу́ду, забу́дешь
Verhandlungen, Unter- redungen, Gespräch(e)	⮕ говорúть / разговóр на переговóрах; пóсле переговóров	переговóры
Versand	⮕ пере-	*пересы́лка
verschieden(artig)		разлúчный
Vertrag	⮕ говорúть	договóр
Vertreter, Repräsentant	⮕ предстáвить ~ фúрмы	представúтель
Verwandte	⮕ рóдственники	*родны́е
verzichten; ablehnen	~ от чегó	*откáзываться (uvo.) *отказáться (vo.) -жу́сь; -жешься
Vorspeise	⮕ вкýсно ⮕ кусóк Что Вы возьмёте на ~-у?	закýска
während, zur Zeit von	⮕ врéмя	во врéмя + 2.F.
Ware, Artikel		товáр
warm		тёплый
warten	Подождúте немнóго.	подождáть (vo.) подожду́, подождёшь ждать (uvo.)
Wechselgeld, Rest	сдáчи не нáдо	*сдáча
Weg	по дорóге домóй	дорóга
Weg	путú назáд нет	путь (m.)
Werktag	в бу́дние дни	бу́дний день
Wetter	хорóшая ~	погóда
Wirtschaft	ры́ночная ~ (Markt-)	экономика
Würstchen		сосúска
Wunsch	⮕ желáть	желáние
Wurst	бутербрóд с колбасóй	колбасá

zeigen		пока́зывать (uvo.) пока́зываю, пока́зываешь показа́ть (vo.) покажу́, пока́жешь
Zerfall	↪ распада́ться	*распа́д
zerfallen	СССР распа́лся.	*распада́ться (uvo.) *распа́сться (vo.)
Zitrone	чай с ~ом	*лимо́н
zueinander		друг к дру́гу
zuerst, anfangs	↪ нача́ло	*внача́ле
Zugang, Zutritt		до́ступ
Zukunft	↪ быть: бу́ду, бу́дешь в бу́дущем	бу́дущее
Zunge in Aspik		*язы́к заливно́й
zurück	туда́ и ~	обра́тно
Zusammenarbeit		сотру́дничество
zweiter Gang, Haupt-		второ́е (блю́до)

Verzeichnis der Aspektpaare

Unvollendet	Vollendet	Bedeutung
встава́ть	встать	aufstehen
входи́ть	войти́	hineingehen, eintreten
выбира́ть	вы́брать	(aus)wählen
говори́ть	сказа́ть	sprechen, reden
дава́ть	дать	geben
есть	съесть	essen, speisen
ждать	подожда́ть	warten
забыва́ть	забы́ть	vergessen
зака́зывать	заказа́ть	bestellen; reservieren
заключа́ть	заключи́ть	schließen, abschließen
зараба́тывать	зарабо́тать	verdienen
заходи́ть	зайти́	eine Stippvisite abstatten, vorbeikommen
класть	положи́ть	legen
налива́ть	нали́ть	einschenken, eingießen
облива́ть	обли́ть	übergießen, begießen
образо́вываться	образова́ться	sich bilden
обтира́ться	обтере́ться	sich abreiben
объединя́ть	объедини́ть	vereinen, vereinigen
объясня́ть	объясни́ть	erklären
ока́зывать	оказа́ть	Hilfe leisten
остава́ться	оста́ться	(übrig-, zurück-)bleiben
отдыха́ть	отдохну́ть	sich erholen, ausruhen, entspannen
отка́зываться	отказа́ться	verzichten; ablehnen
перестра́ивать	перестро́ить	umbauen
пить	вы́пить	trinken
плати́ть	заплати́ть	(be)zahlen (für etw.)
подключа́ть(ся)	подключи́ть(ся)	(sich) anschließen
поднима́ться	подня́ться	hinaufgehen, -fahren
пока́зывать	показа́ть	zeigen
получа́ть	получи́ть	erhalten, bekommen
посеща́ть	посети́ть	besuchen
появля́ться	появи́ться	entstehen, aufkommen, auftreten
предлага́ть	предложи́ть	anbieten; vorschlagen
представля́ть	предста́вить	(sich) vorstellen
приглаша́ть	пригласи́ть	einladen
приноси́ть	принести́	her-, mitbringen
про́бовать	попро́бовать	probieren
продолжа́ть	продо́лжить	fortsetzen, verlängern
пропада́ть	пропа́сть	umkommen; zugrunde

		gehen
проси́ть	попроси́ть	bitten
пры́гать	пры́гнуть	springen
развива́ться	разви́ться	sich entwickeln
распада́ться	распа́сться	zerfallen
рекомендова́ть	порекомендова́ть	empfehlen
сади́ться	сесть	sich setzen
создава́ть	созда́ть	schaffen, gründen
умира́ть	умере́ть	sterben
хвали́ть	похвали́ть	loben
хвата́ть	хвати́ть	ausreichen, langen
чо́каться	чо́кнуться	anstoßen

Lösungen zu ausgewählten Übungen

Lektion 1

25 / 3

1. файл 2. пра́вка 3. вид 4. перехо́д 5. и́збранное 6. се́рвис 7. спра́вка 8. наза́д 9. вперёд 10. вверх 11. вы́резать 12. копи́ровать 13. вста́вить 14. отмени́ть 15. удали́ть 16. сво́йства

28 / 1

1. так как 2. потому что 3. так как 4. потому что 5. так как 6. потому что 7. так как

31 / 1

1. нужен 2. нужна 3. нужны 4. нужен 5. нужна 6. нужен 7. нужны 8. нужны

33 / 1

1. Им нужен был этот дом.
2. Ему нужна была эта машина.
3. Ей нужны были эти книги.
4. Ему нужен был этот отпуск.
5. Ей нужна была эта грамматика.
6. Им нужны были эти карандаши.
7. Мне нужен был этот компакт-диск.
8. Наташе нужен был этот комплимент.

33 / 2

1. Ему нужно будет это тёплое пальто.
2. Ему нужен будет этот большой дом.
3. Ей нужна будет эта грамматика.
4. Им нужны будут эти карандаши.
5. Мне нужна будет эта квартира в Москве.
6. Им нужен будет этот отпуск.
7. Ей нужна будет эта книга.
8. Нам нужна будет эта виза.

36 / 3

1. Нет, но скоро ему надо/нужно будет пойти на работу.
2. Нет, но скоро мне/нам надо/нужно будет купить квартиру.

3. Нет, но скоро ей надо/нужно будет встать.
4. Нет, но скоро им надо/нужно будет заниматься грамматикой.
5. Нет, но скоро ему надо/нужно будет поехать в аэропорт.
6. Нет, но скоро нам надо/нужно будет работать в России.

39 / 1

1. должна 2. должен 3. должны 4. должна 5. должен 6. должны 7. должна 8. должен

45 / 7

Нет солнца, нет кошки, нет фотоаппарата, нет чашки

47 / 10

1. У Наташи нет ни вопросов, ни проблем.
2. У Олега нет ни марок, ни рублей.
3. У ученика нет ни ручек, ни карандашей.
4. В моём городе нет ни театров, ни музеев.
5. У Тамары нет ни детей, ни внуков.
6. На Луне нет ни людей, ни животных.
7. В Сахаре нет ни широких рек, ни высоких гор.
8. У Тани нет ни симпатичных друзей, ни интересных знакомых.

47 / 11

1. В моём городе нет ни стадиона, ни бассейна.
2. В этом ресторане нет ни французского вина, ни русской водки.
3. Раньше в этом городе не было ни музеев, ни театров.
4. В Советском Союзе не было ни демократии, ни свободных выборов.
5. В Бохуме не будет ни оперного театра, ни международного аэропорта.

50 / 1

1. посмотре́ть
2. пригото́вить
3. сде́лать
4. получи́ть
5. нача́ть
6. отве́тить
7. написа́ть
8. купи́ть
9. поня́ть

10. повтори́ть
11. взять
12. сказа́ть
13. прочита́ть
14. показа́ть
15. спроси́ть
16. ко́нчить

50 / 2

1. смотрю́, смо́тришь / посмотрю́, посмо́тришь
2. гото́влю, гото́вишь / пригото́влю, пригото́вишь
3. де́лаю, де́лаешь / сде́лаю, сде́лаешь
4. получа́ю, получа́ешь / получу́, полу́чишь
5. начина́ю, начина́ешь / начну́, начнёшь
6. отвеча́ю, отвеча́ешь / отве́чу, отве́тишь
7. пишу́, пи́шешь / напишу́, напи́шешь
8. покупа́ю, покупа́ешь / куплю́, ку́пишь
9. понима́ю, понима́ешь / пойму́, поймёшь
10. повторя́ю, повторя́ешь / повторю́, повтори́шь
11. беру́, берёшь / возьму́, возьмёшь
12. говорю́, говори́шь / скажу́, ска́жешь
13. чита́ю, чита́ешь / прочита́ю, прочита́ешь
14. пока́зываю, пока́зываешь / покажу́, пока́жешь
15. спра́шиваю, спра́шиваешь / спрошу́, спро́сишь
16. конча́ю, конча́ешь / ко́нчу, ко́нчишь

51 / 5

1. смотрела 2. готовил ... приготовил 3. читал/а ... гулял/а
4. играли ... готовила 5. посещал/а 6. кончил/а 7. сделал/а

57 /1

1. Александровский Сад находится около Московского Кремля.
2. Самолёт летит над городом Москвой.
3. Старый московский цирк находится у центрального рынка.
4. Ресторан „Прага" находится между Старым Арбатом и Новым Арбатом.
5. Аэропорт „Шереметьево 2" находится за городом.
6. Метро находится под городом.
7. Малый театр находится напротив Детского театра.
8. Туристы стоят перед гостиницей „Россия".
9. Киев находится на/в Украине.
10. Турист стоит на берегу моря.

57 / 2

1. Большой театр находится между Малым театром и Детским театром.
2. Центральный телеграф находится на Тверской улице.
3. Гостиница „Метрополь" находится недалеко от Большого театра.
4. Кремль находится в центре города.
5. ГУМ находится около Кремля.
6. Станция метро „Театральная" находится рядом с Малым театром.

61 / 2

1. начался́ … ко́нчился 2. на́чал 3. начался́ 4. ко́нчился 5. начала́ 6. начала́сь 7. начала́

61 / 3

а)
1. Урок начинается в 8.15.
2. Первый перерыв начинается в 9.45 и кончается в 10.15.
3. Курс начинается в понедельник и кончается в пятницу.

б)
1. Когда начинается в России новый учебный год?
2. Когда у Вас начинается и кончается отпуск?
3. Когда начинается новый семестр?

Lektion 2

70 / 2

1. После смерти Сталина началась оттепель.
2. Люди начали жить более свободно.
3. В эпоху Брежнева не надо было думать, что будет завтра.
4. Советское государство гарантировало стабильную пенсию, государственную квартиру, бесплатное образование и медицинское обслуживание.
5. Многим людям нравилась эта жизнь.
6. Отдыхать ездили в санатории, на курорты, в дома отдыха или на дачу.
7. Но люди, которые не чувствовали себя свободными в своей стране, часто встречались с друзьями, говорили о политике, о литературе самиздата.

75 / 4

1. Семья встаёт рано. Сначала встаёт обычно мама; она готовит завтрак.
2. В больших городах до места работы очень далеко, целый час или даже больше.
3. Обычно люди ездят на работу на общественном транспорте.
4. Рабочий день кончается в пять-шесть часов, а магазины закрываются в восемь-девять часов вечера.
5. После работы можно ещё купить всё, что нужно для дома.
6. Счастье для молодой семьи, если есть бабушка, которая живёт в семье или недалеко от дома.
7. Вечером собирается вся семья.
8. За ужином разговаривают о новостях.
9. После ужина дети садятся за компьютер, слушают музыку или читают. Родители смотрят новости или любимый сериал по телевизору, читают газеты, книги.
10. Русские много читают, особенно детективы и фантастику, а также классическую литературу.
11. Муж и жена покупают продукты вместе.

78 / 1

- Русская баня существовала уже в XII веке.
- Сначала это был языческий очистительный культ, который со временем стал привычкой.
- В России принято угощать гостя баней, как хлебом-солью.
- Русская баня характеризуется паром (температура: приблизительно 80 градусов).
- Главное помещение в бане – парилка, с печкой, на которой лежат горячие камни.
- Трудно сидеть в парилке больше нескольких минут.
- Выходят болезни из организма.
- Никогда не сможете отказаться от русской бани.

94 / 1

1. Все знают Красную площадь.
2. Красная площадь находится в центре Москвы.
3. ... на Красной площади ... То есть, Красная площадь – это красивая площадь.
4. Рядом с Красной площадью ...
5. От Красной площади до Манежной площади ...
6. Между Манежной площадью и Театральной площадью ...
7. Туристы, которые идут к Театральной площади, ...

8. ... о площадях Москвы, ... Красную площадь ... много других площадей.

95 / 2

1. Забине интересуется жизнью в России.
2. Летом она ездила в Сибирь.
3. Она две недели путешествовала по Сибири.
4. Она видела горы, реки, леса, деревни, города Сибири.
5. Она познакомилась с жизнью людей в Сибири.
6. Забине много узнала о жизни людей в Сибири, о её природе и её проблемах.

95 / 3

1. частях
2. площадью
3. церковью
4. жизнью
5. ролью, трудностью

98 / 2

1. Он ничего не знает.
2. В этот вечер никто не смотрел телевизор.
3. Никто не играл в шахматы.
4. Она ничего не написала.
5. Она ничего не купила.

99 / 5

- Я нигде не был/а.
- Я ни с кем не встретился / встретилась.
- Я ничего не делал/а.
- Я ни с кем не говорил/а.
- Я ничего и никого не видел/а.

102 / 1

а)
... у своей русской подруги ... он позвонил своей русской подруге и пригласил свою русскую подругу... со своей русской подругой ... о своей русской подруге

б)
… у своего русского друга… она позвонила своему русскому другу и пригласила своего русского друга … со своим русским другом… о своём русском друге

в)
… у своих русских друзей… он позвонил своим русским друзьям и пригласил своих русских друзей … со своими русскими друзьями … о своих русских друзьях…

103 / 2

1. его книгу
2. свою книгу
3. с их сестрой
4. со своей сестрой
5. её сестру
6. свою сестру
7. её чемодан
8. свой чемодан

103 / 3

1. свой новый проект
2. его проект
3. своим проектом
4. его анализ
5. После своего анализа …
6. у своего менеджера и ещё раз прочитал его анализ
7. его менеджер … свою специальность

105 / 7

1. … свою книгу … мою книгу
2. … её чемодан и свою сумку
3. … на моём месте… своё место
4. … мою газету… свою газету
5. … нашу дачу… свою дачу
6. … нашим другом… со своим другом
7. … на его велосипеде … на его велосипеде … на своём велосипеде
8. … со своей подругой … с его подругой

108 / 1

1. на работу
2. к врачу
3. в центр города
4. за границу
5. на Украину

108 / 2

1. на концерт
2. в ресторан
3. за границу
4. к старому другу
5. на работу

110 / 5

1. на работу
2. на концерте
3. в офис провайдера
4. из города домой
5. к своему другу
6. или на Кавказ, или в Одессу
7. за границей
8. за границу
9. из-за границы, то есть с Украины
10. у родственников

112 / 3

ложиться – лечь
1. ложусь 2. лёг / легла 3. лягу 4. ложился / ложилась

вставать – встать
1. встаю 2. встал/а 3. встану 4. буду вставать

давать – дать
1. дал 2. дам 3. даём

113 / 5

будут отдыхать; будут вставать; будут завтракать; будет помогать; будет работать; будет отдыхать; будет играть; будет ловить; будет готовить;

будет помогать; будут есть; будут встречаться; будут рассказывать; будут показывать; будут пить; будут ложиться; кончится; вернутся

116 / 3

1. и 2. и 3. а 4. а 5. но 6. но 7. а 8. а 9. но